世界でいちばん素敵な

宗教の教室

The World's Most Wonderful Classroom of Religion

はじめに

「宗教は怪しい」「宗教は胡散臭い」。

日本では、宗教についてマイナスイメージで語られることが少なくありません。

しかし、この宗教理解はある意味で日本独自のものであり、

しかも、日本の近代以降に形成された、いわば負の遺産です。

世界を見渡すと、各地でさまざまな宗教が信仰されています。

とりわけキリスト教、イスラム教、仏教に関しては、

それらを無くして世界の文化や社会は成立しないといっても

過言ではないほどです。

そもそも宗教は、文化から生存欲求レベルまで、密接に関係しています。

しかも、宗教は時代を超えて体系的に伝承されるため、

その一貫性において、独自の文明形成の核となります。

今やグローバル化の真っ只中。否が応でも世界との交流は必要とされます。
つまり、多様に展開する国際情勢を理解するためには、
それぞれの宗教の特徴を理解することが不可欠であるといえるでしょう。

本書は、キリスト教、イスラム教、仏教のいわゆる3大宗教をはじめ、
ユダヤ教、ヒンドゥー教、儒教、そして日本の神道などの宗教のエッセンスを、
写真や図版とともに、わかりやすく解説しています。

宗教の知識が増えれば、
世界各地の政治や経済、紛争、芸術文化などへの理解が深まります。
本書が読者の方々の世界観を広げる一助になれば幸いです。

保坂俊司

Contents
目次

『最後の晩餐』（レオナルド・ダ・ヴィンチ）

Q 宗教が生まれたのは
いつ頃？

ネアンデルタール人の葬送の儀式のイメージ。彼らは現生人類より先に栄えていた旧人類の絶滅種です。最新の研究により、彼らの遺伝子の一部が現生人類に引き継がれていることが明らかになりました。

A 有史以前にさかのぼります。

イラクにある5～6万年前のシャニダール遺跡では、ネアンデルタール人が死者を花で飾って葬ったと推測される跡が発見されています。葬送は死後の世界の存在を信じるがゆえに行われる儀式。そのため、当時の人類はすでに宗教的な観念をもっていたと考えられています。

宗教は人類の脳の発達とともに形づくられてきました。

予測できない未来、死に対する不安、圧倒的な自然への畏敬。
ひ弱な肉体を補うため、脳を発達させた現生人類は、
そうしたものを受け入れるための手段として、
宗教を生み出したと考えられています。

Q 現生人類は精神的な不安定さをどのように解消したの?

A 絵画や彫刻、音楽などを用いました。

私たち現生人類は不安や恐怖心を解消するため、絵画や彫刻、音楽などを編み出しました。たとえば、ドイツ・シェルクリンゲンのホーレ・フェルス洞窟で発見された4万〜3万5000年前のものとされるヴィーナス像(写真左)やフルートです。こうした美術が当時の人々の心を癒し、ときには鼓舞したと考えられます。そして、美術は難解な思想や複雑な教えを広め、次世代に伝えるうえでも大きな力を発揮したのです。

4万〜3万5000年前の旧石器時代の作とされるホーレ・フェルスのヴィーナス像。近くから鳥の骨などでつくったフルートも発掘されています。

1万5000年前の新石器時代のものとされるラスコー洞窟の壁画。狩猟の成功を祈る儀式の痕跡ともいわれています。

② 原始的な宗教はどんなものだったの？

A 自然崇拝やアニミズムが多く見られました。

雨風や雷、地震などは人智が及ばない力をもっているため、人類は自然に畏敬の念を抱くようになりました。そこから太陽や風雨などを信仰対象とする自然崇拝や、自然界に存在するすべてのものに精霊が宿ると考えるアミニズムが形成されていきました。どちらも原始宗教でよく見られる形です。

精霊と直接交流することによって儀式を行ったり、予言をしたり、病を治したりするシャーマン。邪馬台国の卑弥呼も、こうした存在だったと考えられています。

③ 「神」について教えて！

A 神の姿やあり方は千差万別です。

畏怖と崇拝の対象となるものを「神」といい、多くの宗教に神が存在します。ただし、その姿やあり方はさまざま。自然物や自然現象を神格化した自然神をはじめ、ユダヤ教やキリスト教、イスラム教で万物の創造主とされている唯一絶対の超越神、ギリシア神話や日本神話に登場する人間的な性格の神、さらには実在した人物を神として崇めるなど、宗教ごとに異なります。

ユダヤ教、キリスト教、イスラム教の神であるヤハウェは万物の創造主。

日露戦争で勝利の立役者となった東郷平八郎。現在は勝利と至誠の神となっています。

ヒンドゥー教において最も影響力をもつ3神に数えられるシヴァ。破壊と創造の神。

ギリシア神話のアルテミスは、狩猟・貞潔の女神。月の女神でもあります。

Q 宗教によって
　神の数は違うの？

ギリシア神話に登場する愛と
美の女神アフロディテ（ロー
マ神話ではヴィーナス）を描
いた名画。アフロディテ、ゼ
ウス、ヘルメス、ポセイドンなど、
多数の神々が信じられていた
古代ギリシアやローマの宗教
は多神教でした。『ヴィーナス
の誕生』（サンドロ・ボッティ
チェッリ）

▶

Ａ 一神教もあれば
多神教もあります。

一神教の代表例はユダヤ教、キリスト教、イスラム教。多神教
の代表例はヒンドゥー教や日本の神道です。

ひとつの神のみを信じる一神教、多数の神々を信仰する多神教。

（排他的）一神教は神の唯一絶対性を前提として
ほかの神を認めません。
一方、多神教はさまざまな神のあり方を認めるため、
多数の神々が崇拝されることになります。

① 一神教と多神教はどんな理由で分かれるの?

A 気候や風土が影響しているという意見があります。

ユダヤ教、キリスト教、イスラム教に代表される一神教は、砂漠に近い乾燥地帯で生まれました。砂漠は暑くて水が少なく、生活しやすい場所ではありません。そうした土地では強い指導者のもとで自然に立ち向かう必要があり、それが唯一神と結びついたといわれています。一方、ヒンドゥー教や神道は雨と緑に恵まれた温帯で生まれました。そうした豊かな土地では小さな集団でも自立することができ、集団ごとにそれぞれの神を信仰したため、多神教が生み出されたと考えられています。

気候と宗教発祥の地

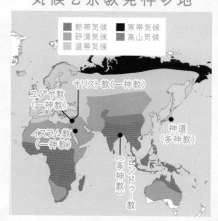

凡例:
熱帯気候／砂漠気候／温帯気候／寒帯気候／高山気候

ユダヤ教（一神教）
キリスト教（一神教）
イスラム教（一神教）
ヒンドゥー教（多神教）
神道（多神教）

② 一神教と多神教の特徴をもっと教えて!

A 多神教の神は人間味が豊かです。

自分たちの神が唯一絶対で、ほかの神は認めない（排他的）一神教の場合、その教えを異教徒に広めようとすると、争いが起こりやすくなります。キリスト教やイスラム教がそうです。一方、多神教の場合、人間的な特徴をもつ神が多く、上下・主従関係や家族・親族関係が存在したり、人間と同じように恋愛や結婚をしたりします。

一神教と多神教の特徴

一神教	多神教
・神は唯一絶対と考える ・神の声を聞いた開祖や預言者が教えを広める ・ほかの神や宗教を認めないことが多い	・複数の神を信仰する ・古代の宗教は多神教であることが多い ・人間味の豊かな神々が登場する

日本で福徳をもたらす神として信仰されている七福神。

神の教えを説くキリスト教の創始者イエス。

 宗教の分類方法はほかにもある？

A 世界宗教と民族宗教という分け方も重要です。

キリスト教やイスラム教、仏教のように、国や民族を超えて信仰されている宗教を「世界宗教」といいます。これに対し、ユダヤ人のユダヤ教、インド人のヒンドゥー教、日本人の神道のように、ある特定の地域や民族の間で信仰されている宗教を「民族宗教」といいます。

④ 世界宗教と民族宗教の特徴を
もっと教えて！

A 世界宗教は人類の救済を目指します。

キリスト教はイエス、イスラム教はムハンマド、仏教はブッダと、世界宗教には創始者がいて、すべての信者の救済・信者の拡大を目指しています。一方、民族宗教は創始者が明確でないことが多く、民族の文化や習慣を次代に伝え、連帯を強める役割を担っています。

世界宗教と民族宗教の違い

世界宗教	民族宗教
・国や民族を超えて信仰されている ・創始者が明確である ・すべての信者の救済・信者の拡大を目指す ・キリスト教、イエス、イスラム教など	・特定の地域や民族の間で信仰されている ・創始者がいない、あるいは明確ではない ・民族の文化や習慣を次代に伝え、連帯を強める ・ユダヤ教、ヒンドゥー教、道教、神道など

ユダヤ教徒。ユダヤ教はユダヤ人の民族宗教です。

ブラジル・コルコバードの丘の
キリスト像。

Ａ いまはキリスト教徒が最多です。

世界の総人口の約3分の1が
キリスト教徒です。

キリスト教には、近代以降、西洋人が植民地を広げるに従い、
「支配者の宗教」として勢力を拡大していった側面があります。
地域的には欧米をはじめ、中南米やオセアニアなどに多く、
宗派別ではカトリック、プロテスタント、東方正教会の順に
多数の信者を擁しています。

各宗教の信者数の変化

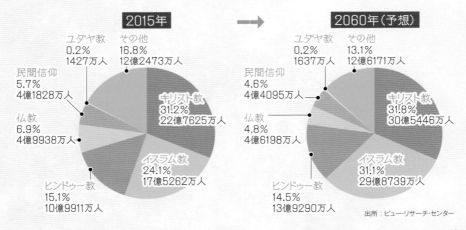

2015年 → 2060年（予想）

2015年
- ユダヤ教 0.2% 1427万人
- その他 16.8% 12億2473万人
- キリスト教 31.2% 22億7625万人
- 民間信仰 5.7% 4億1828万人
- 仏教 6.9% 4億9938万人
- ヒンドゥー教 15.1% 10億9911万人
- イスラム教 24.1% 17億5262万人

2060年（予想）
- ユダヤ教 0.2% 1637万人
- その他 13.1% 12億6171万人
- キリスト教 31.8% 30億5446万人
- 民間信仰 4.6% 4億4095万人
- 仏教 4.8% 4億6198万人
- ヒンドゥー教 14.5% 13億9290万人
- イスラム教 31.1% 29億8739万人

出所：ピュー・リサーチ・センター

イスラム教徒が増えているのは、なぜ？

A 子どもを産むことを大切に考えているからです。

イスラム教徒の数は2070年頃にキリスト教徒とほぼ同数になり、2100年頃には最大になると予想されています。古来、イスラム教では結婚して子どもを産むことを大切に考えてきました。また、比較的簡単に入信できる一方、他宗教への改宗を禁止されていることや、信者の平均年齢が若いこともあって、イスラム教徒の出生率が高くなっているのです。

2015〜2060年におけるイスラム教徒の増加率は、キリスト教徒を大きく上まわると予想されています。

② 無宗教の人も増えているの？

A 一部で「宗教離れ」が起きているといわれています。

欧米を中心に、宗教を否定したり、疑問視したりする人が増加しているといわれています。たとえばアメリカの20代の若者は、3割以上が無宗教を自認しているという調査結果もあります。その理由については、超自然的な出来事が科学で解釈されるようになったことや、経済成長で生活が豊かになったことで、信仰に背を向ける人が増えているという説もあります。

③ 日本人は無宗教が多いってホント？

A 無宗教といっても、生活に根づいています。

「日本人は無宗教」とよくいわれます。実際、ある調査では7割以上の日本人が信仰や信心をもっていないと回答しています。しかし、そんな日本人も正月に初詣に行ったり、夏に盆踊りを楽しんだり、仏教式の葬儀を催したりと、無意識に宗教的な実践をしています。宗教が生活に根づいているのです。

信仰をもっていないという人も、正月になれば神社や寺院に参拝し、新年の平安を祈願します。

④ 宗教が争いの原因になることがあるの？

A いつの時代にも宗教の対立がありました。

神や教えを信じるがゆえ、別の宗教や宗派を信じる人々と衝突するというケースは少なくありません。キリスト教徒がイスラム圏に攻め入った十字軍遠征（写真左）、キリスト教のカトリックとプロテスタントが衝突した宗教戦争（右）、ユダヤ教徒とイスラム教徒がいまも続けているパレスチナ紛争など、宗教をめぐる数多くの争いが繰り広げられてきました。その一方で、仏教のような平和裏に拡大した世界宗教もあります。

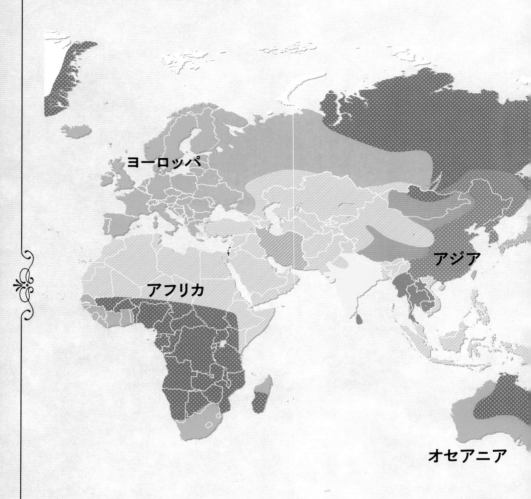

世界の宗教分布

ヨーロッパ

アジア

アフリカ

オセアニア

キリスト教
- カトリック
- プロテスタント
- 東方正教会
- その他の分派

イスラム教
- スンニー派
- シーア派

仏教
- 上座部仏教
- チベット仏教

その他
- ユダヤ教
- ヒンドゥー教
- 中国の宗教（仏教・儒教・道教など）
- 神道・仏教
- 土着宗教

北アメリカ

南アメリカ

世界最大の信徒数を誇るキリスト教は欧米やオセアニア、イスラム
教は中東や北アフリカ、中央アジア、東南アジア、仏教は東アジアや
東南アジアを中心に広がっています。これら世界宗教のほか、ユダ
ヤ教やヒンドゥー教、神道などの民族宗教が各地に分布しています。

「乳と蜜の流れる地」とされるカナン（現在のパレスチナ）へ向かうアブラハム一行。カナンは「乳と蜜の流れる地」と考えられていました。なお、この絵の人物は西洋人風に描かれていますが、実際のアブラハムは中東の人物です。『アブラハムの旅』（ヨジェフ・モルナール）

Q

ユダヤ教の 創始者は誰?

A

キリスト教の イエスのような 創始者は 存在しません。

キリスト教はイエス、イスラム教はムハンマドが創始者ですが、ユダヤ教には彼らに相当する人物はいません。ユダヤ教の起点は"信仰の父"とされるアブラハム。『旧約聖書』の箱舟のエピソードに登場するノアの子孫とされる人物です。

神の命で約束の地に移住した "信仰の父"アブラハム。

神の声を聞いてカナンに移り住んだアブラハムは、
神と契約を結びます。その契約によって、
ユダヤ人の祖先たちもカナンで暮らしていました。

① ユダヤ教の神はどんな神なの?

A 天地の創造者です。

ユダヤ教はユダヤ人の民族宗教。ユダヤ人＝ユダ
ヤ教徒というのが基本です。その神はヤハウェ（エ
ホバ）といい、この世界をつくり、全人類の生と死を
支配していると考えられています。唯一絶対の神な
ので、ヤハウェ以外の神はいっさい認められません。
このような宗教を「一神教」といいます。

この4つの子音文字がヘブライ語で「神」を示します。

② 「モーセの奇跡」のモーセも、 ユダヤ教と関係があるの?

A 出エジプトで 十戒を授かりました。

紀元前13世紀頃、モーセは迫害を受けていたユダヤ
人を引き連れ、エジプトから脱出。途中、海に阻まれ
ますが、杖を振り上げ、海を真っ二つに割って逃げ切りま
す。そして、シナイ山で神との契約である「十戒」が刻
まれた石板を授かりました。これによりバラバラだったユ
ダヤ人がひとつにまとまったため、モーセはユダヤ教に
おける最高の預言者とされています。

シナイ山で「十戒」を授かったモーセ。そ
こにはユダヤ人が守るべき10の戒律が記
されていました。『モーセの十戒』(レンブ
ラント・ファン・レイン)

③ なぜ、ユダヤ人は流浪の民になったの？

A 大国によって神殿を破壊されたからです。

ユダヤ人は現在のパレスチナの地に、ユダヤ教を核とした独立心の強い国家を築いていましたが、紀元前6世紀に新バビロニアに征服されます。その後、ユダヤ人国家は再興されましたが、西暦70年にローマ帝国に信仰の中心であるエルサレムの神殿を破壊されてしまいました。これを機に、ユダヤ人は各地に離散（ディアスポラ）することになったのです。

ローマに破壊されるヤハウェ神殿。エルサレムを追われたユダヤ人は約1900年もの間、流浪の生活を余儀なくされました。『エルサレム神殿の破壊』（フランチェスコ・アイエツ）

④ どうしてユダヤ人は 迫害の対象にされてきたの？

A イエス殺しや金融業への従事が理由のひとつです。

ヨーロッパなどに離散したユダヤ人は、キリスト教徒が忌み嫌う金貸しの仕事などに従事し、経済的に豊かになる人もいたため、「金の亡者」といった偏見をもたれるようになりました。また、自身もユダヤ人であったとされ、キリスト教の開祖となったイエスを十字架にかけたのがユダヤ人だったため、キリスト教社会で憎悪の対象とされ、集団的迫害（ポグロム）を受けました。第二次世界大戦期にナチス・ドイツが行ったユダヤ人の大量虐殺（ホロコースト）の背景にも、そうした差別意識が潜んでいました。

アウシュヴィッツの強制収容所に送られたユダヤ人。ここで多くのユダヤ人などが殺害されました。

Q ユダヤ教で大切にしている
　教えはなに？

羊の皮に手書きされた巻物型の『トーラー』。預言者モーセが書いたと伝えられることから「モーセ五書」とも呼ばれます。神聖なものなので直に触れることは禁じられており、ヤッドという指示棒で文字を追いながら読みます。

A『トーラー』と『タルムード』を
日常の行動規範として重視しています。

ユダヤ教の信仰は戒律を実践することです。そのよりどころとなるのが『トーラー』と『タルムード』という2つの聖典。日本語で「律法」と訳される『トーラー』には「十戒」などの戒律が書かれており、『タルムード』には『トーラー』などの実用的な解釈が示されています。

戒律重視——、
それがユダヤ教の基本の教えです。

民族離散や虐殺を含む集団的迫害など、
多くの苦難を経験してきたユダヤ人（ユダヤ教徒）は、
戒律に忠実に従うことによって信仰心を強くしてきました。

① 信徒を導いてくれる人はいるの？

A キリスト教の牧師や司祭に
あたるのがラビです。

ラビとは「私の先生」を意味し、もともとは『トーラー』に精通した指導者に対する尊称でした。現在のラビの役割は、ユダヤ教の礼拝を取り仕切り、祈りや祭事の意味を信徒に教えること。さまざまな悩み相談にも乗ってくれることもあり、頼りになるユダヤ人コミュニティの指導者です。

現代のラビはユダヤ教の教えに詳しいだけでは務まらず、政治、社会、歴史など幅広い知識が求められます。

② ユダヤ人は自分たちを
特別な人間だと思っているの？

A 神に選ばれた特別な民族だと信じています。

ユダヤ人は自分たちのことを唯一神ヤハウェから選ばれた特別な民族だと信じています。これを選民思想といいます。選民思想は民族として結束を強め、艱難辛苦を乗り越える糧となってきましたが、他民族や他宗教からは排他的・独善的にみえるため、差別の要因にもなってしまいました。

ユダヤ人は神から与えられた戒律を守って生活していれば、いつか神が自分たちを救ってくれると信じています。

③ 黒いコートに黒い帽子、髭モジャのユダヤ人について教えて！

A 超正統派と呼ばれる人たちです。

キリスト教のカトリックとプロテスタントのように、ユダヤ教にも「正統派」「保守派」「改革派」などの宗派があります。なかでも極めて厳格に戒律を守っているのが、独特の姿をした「超正統派」。彼らは、自分たちこそがユダヤ教徒として正しい道を歩んでいると信じています。

超正統派の男性は、夏でも黒いコート、ズボン、ソフト帽を着用して、もみあげとあご髭を伸ばしています。イスラエルのユダヤ人のおよそ2割が、超正統派や正統派に分類されます。

★COLUMN★ **ユダヤ人に天才が多い理由**

　相対性理論のアインシュタイン、社会主義の創始者マルクス、経営学者のドラッカー、そして映画監督のスピルバーグ……。ユダヤ人はさまざまな分野で数多くの天才を輩出しており、世間では「ユダヤ人＝優秀」というイメージが定着しています。ユダヤ人のノーベル賞受賞者も枚挙にいとまがありません。なぜ、ユダヤ人に優秀な人物が多いかというと、迫害の歴史に関連づける説があります。常に危険にさらされていたユダヤ人は、自らの必要性を社会に認めさせるために医者や芸術家など、特殊な技能の習得に力を注ぎました。そうした専門職志向が幾多の才能の誕生につながったというのです。また、ユダヤ人社会では幼い頃から『トーラー』や『タルムード』を学ぶ教育システムがあります。そこでは論理的な思考が求められるため、知力が高まるともいわれています。

左からアインシュタイン、マルクス、ドラッカー、スピルバーグ。みなユダヤ人です。

Q 嘆きの壁では、壁に向かってなにをしているの？

幅約50m、高さ約20mの嘆きの壁。ユダヤ史上、「最も悲しい日」とされる「ティシュアー・ベ＝アーブの祭日」には、この地を20万人以上が訪れるといわれています。ちなみに、ここはイスラム教徒の聖地の一部でもあります。

A ユダヤ人が参拝をしています。

嘆きの壁は、かつてローマ人によって破壊されたエルサレム神殿の唯一の遺構です。
ユダヤ教にとって聖地であり、ユダヤ人は壁に額を押し当てて、神殿の荒廃を嘆き、
その回復と復興を祈ります。

1日3回、祈りを捧げ、
教えと伝統を伝えてきました。

ユダヤ教徒の祈りは1日3回。
朝のシャハリート、午後のミンハー、夜のマアリブです。
シナゴーグ（会堂）などで祈祷書を使って祈ります。
信徒たちはシナゴーグに集まり、信仰を深めるのです。

① シナゴーグって、どんなところ？

A ユダヤ人のコミュニティ・センターです。

ユダヤ人が居住している地域には、必ずといっていいほどシナゴーグがあり、ラビが中心となって礼拝や祭事が行われます。礼拝は自宅や外出先で行ってもかまいませんが、シナゴーグで行うことが重視されます。

ハンガリーのシナゴーグ。世界には1万3000あまりのシナゴーグがあるといわれています。礼拝だけでなく教育や研究のための場所でもあり、ユダヤ人にとってのコミュニティ・センターのような役割を果たしています。

② 礼拝のほかに重要な教えはあるの？

A 安息日に休みをとることです。

『旧約聖書』の「創世記」によると、神は天地をつくり終えて7日目に休息をとったとあります。そこから、一週の第七日目、具体的には金曜日の日没から土曜日の日没まで、ユダヤ人は休みをとります。この日を「安息日」といい、シナゴーグで礼拝したり、家族で食卓を囲んだりします。聖典『タルムード』には、料理をつくる、車を運転する、火を使う、2つ以上の文字を書く……といった禁止事項が事細かく記されています。

③ ユダヤ教の決まりをもっと教えて！

A 食べ物に関する細かい規定があります。

ユダヤ教には「カシュルート」と呼ばれる食物規定があります。野菜や果物はすべて食べてOK。動物に関しては、ひづめが2つに割れていて、なおかつ反芻（はんすう）するもの以外はNGで、とくに豚は忌避されます。水生動物に関しては、足のあるもの、ウロコのないものは原則NG。したがってエビ、イカ、タコ、貝類などは食べられません。

牛や羊は食べられますが、豚やラクダは食べられません。

④ ユダヤ教にも天国や地獄はある？

A ありません。

キリスト教やイスラム教、仏教などには天国や地獄といった概念がありますが、ユダヤ教では来世についての明確な教えはありません。ユダヤ教は、この世に理想の国をつくることを目的としており、信徒たちはいつかメシア（救世主）が到来し、地上が自分たちのみに約束された楽園となることを祈っているのです。

ユダヤ人の墓。ダビデの星と呼ばれる正三角形を逆に重ねた六芒星（ろくぼうせい）は、ユダヤ教・ユダヤ民族の象徴です。

⑤ 日本人でもユダヤ教徒になれる？

A 簡単にはなれません。

異教徒がユダヤ教徒になりたくても、原則としては認められません。しかし現代では、数年間ラビに師事し、聖書やユダヤ人の歴史、戒律、ヘブライ語などを学んだ後、筆記試験と口頭試験を経て、割礼などの儀式を済ませると、ユダヤ教徒として認めてくれる派もあります。

Q イエス・キリストは、
　なぜ十字架にかけられたの？

十字架にかけられ処刑された
イエス（中央）。磔刑（たっ
けい）は古代ヨーロッパで行
われていた処刑法です。『磔
刑』（アンドレア・マンテーニャ）

A ユダヤ教を批判したからです。

キリスト教の創始者であるイエスは、もともとユダヤ教徒（ユダヤ人）でした。当時
のユダヤ教徒はローマ帝国の支配下に置かれており、そうしたなかでイエスは神
の国へ入るための新しい教えを説いて多くの支持を集めました。しかし、それが
ユダヤ教の指導者たちに危険視され、処刑されてしまったのです。

イエスの教えをもとに、キリスト教は生まれました。

キリスト教は22.7億人（人口比31%）もの信徒を誇る、世界最大の宗教です。
その創始者がイエス・キリストです。
イエスはユダヤ社会のなかにあって、革新的な教えを説き、
メシア＝キリスト（救世主）として崇められるようになりました。

① イエスはどんな人だったの？

天使ガブリエル（左）から聖霊によって身籠ったことを告げられるマリア。『受胎告知』（レオナルド・ダ・ヴィンチ）

A 聖母マリアの処女懐胎で生まれました。

イエスが実在の人物かどうかについてはさまざまな議論がありますが、『新約聖書』の「福音書」によると、大工ヨセフとの結婚を控えた処女マリアのもとに天使ガブリエルが現れ、マリアが男女の交わりなしに妊娠したことを告げられます。この「処女懐胎」がイエスの生涯のはじまりとなりました。

② なにがきっかけで教えを説くようになったの？

A 洗礼者ヨハネによる洗礼です。

ナザレで少年時代を送ったイエスは、30歳頃にヨルダン川で洗礼者ヨハネを介して洗礼を受けました。ヨハネはユダヤ教の改革者だったと考えられています。そして荒野で40日間の断食中、イエスは悪魔の誘惑を受けますが、その試練をくぐり抜け、ガリラヤの地で教えを説くようになったのです。

イエスが荒野で悪魔の誘惑と戦っている場面。画家はあえて悪魔を描かず、イエスの思索の深さを描きました。『荒野のイエス・キリスト』（イワン・クラムスコイ）

イエスの活動地域

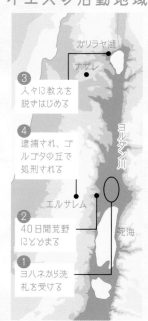

ガリラヤ湖

ナザレ

③ 人々に教えを説きはじめる

④ 逮捕され、ゴルゴタの丘で処刑される

ヨルダン川

エルサレム

② 40日間荒野にとどまる

死海

① ヨハネから洗礼を受ける

③ イエスが人々に受け入れられたのは どうして？

A 弱者にも救いの手を 差し伸べたからです

ユダヤ教では、厳しい戒律を守れない病人などは罪人とされていました。イエスはそうした社会的弱者や「ローマの犬」と蔑まれていた徴税人などにも救いの手を差し伸べました。また、民衆の病気を触れるだけで治したり、食糧を増やしたりといった奇跡を起こし、多くの人々を引きつけたのです。

イエスが2人の盲人のまぶたに触れると、その目に光が戻りました。イエスはこうした奇跡を何度も起こしたと伝えられています。『エリコの盲人』（ニコラ・プッサン）

④ イエスが逮捕されるきっかけはなに？

A 弟子である ユダの 裏切りです。

イエスには12人の弟子がいましたが、そのうちのひとりであるイスカリオテのユダは師を誤解して、ローマに密告しまいます。エルサレムで逮捕されたイエスは処刑を言い渡され、ゴルゴタの丘で十字架にかけられたのです。

ユダ

中央がイエスで、左から4番目がユダ。イエスはこの食事の席でひとりの弟子の裏切りを予告します。弟子たちは否定しますが、実際にその言葉どおりになりました。『最後の晩餐』（レオナルド・ダ・ヴィンチ）

⑤ 処刑されたイエスはどうなったの？

A 復活しました。

イエスは死後3日目に復活し、弟子たちの前に姿を現します。これを機に、イエスとその復活を信仰するキリスト教が生まれました。

Q キリスト教でいちばん
重要な教えはなに？

強盗に襲われ、瀕死の旅人を介抱するサマリア人。旅人の同胞である祭祀やレビ人は彼を見捨てて去りましたが、外国人のサマリア人は手厚く助けました。この逸話は、隣人愛を示す際によく用いられます。『良きサマリア人のたとえ』（フランチェスコ・バッサーノ）

A 神に対する信仰と隣人愛です。

イエスは「心を尽くし、力を尽くして、あなたの神、主を愛しなさい」と述べています。つまり、神に対する絶対的な信仰です。さらに「自分自身のように隣人を愛しなさい」とも述べています。隣人とは同胞だけでなく、ローマ人や徴税人など、ユダヤ人から憎まれる立場の人々も含んでいます。そうした人々に対する愛も大切だと教えています。

神を愛し、隣人を愛しなさい、キリスト教は愛の宗教です。

社会的強者や善人が救済されるユダヤ教に対して、
キリスト教は弱者や罪人にも救済の道筋を示しました。
キリスト教の愛はどこまでも深いともいえるのです。

① キリスト教の神ってどんな神?

A 唯一神ヤハウェです。

キリスト教で信仰の中心となる神は、万物の創造主である唯一神ヤハウェです。ユダヤ教と同じ神です。しかし、ユダヤ教の神が人々を罰したり、時には滅ぼそうとしたりする非情な神であるのに対し、キリスト教の神は誰にでも赦しを与える慈悲深い神です。

② イエスと神の関係を教えて!

A 一体と考えられています。

キリスト教には「三位一体」という考え方があります。すなわち、神は唯一の存在ですが、「父なる神」「子なるイエス」「神の使いで人々を神のもとに導く聖霊」という3つの本質と位格をもつ、というものです。ただし、この考え方については古くからさまざまな議論がなされてきた歴史があり、認めていない教会も少なくありません。

三位一体の考え方

父なる神

子なるイエス

神・イエス・聖霊は
一体である

聖霊

③ Q 偶像崇拝は認められているの?

A 原則はNGなのですが……。

キリスト教は、母胎となったユダヤ教の影響から、初期は偶像崇拝を禁じていました。しかし、2〜3世紀頃からヘレニズム文化の影響を受けてキリスト教絵画が誕生。4世紀にローマ帝国がキリスト教を公認すると、イエスの絵が盛んに描かれはじめます。そして中世以降になると、教会がイエスや聖人などを描いたフレスコ画やステンドグラスで飾られるようになり、ルネサンス期に宗教画の絶頂期を迎えるに至りました。当時は庶民の識字率が低く、聖書だけでは十分な布教ができなかったため、誰でもひと目で理解できる絵画が重宝されたのです。

ステンドグラスの装飾が施されたフランスのサント・チャペル(上)と、ベルギーの聖バーフ大聖堂にあるファン・エイク兄弟の作品『ヘントの祭壇画』(右)。いずれも「聖書」の内容をモチーフにした絵が描かれています。

★COLUMN★ ## SNSが布教ツールに!

先進国を中心にすっかり社会に定着したSNS。この新しいツールを布教に活用しようとする宗教団体が増えています。キリスト教でも多くの教会がSNSを信者間のコミュニケーションツールとしたり、礼拝や行事の伝達に使ったりしています。このようにSNSが便利なことは間違いないのですが、あまりに距離感が近くなることで、神のありがたみや神秘性が薄れる弊害も指摘され、過度な依存に警鐘が鳴らされています。

Q.4 『聖書』の旧約・新約って、どんな意味？

A 「約」は契約を意味します。

キリスト教の聖典である『聖書』は、『旧約聖書』と『新約聖書』の2つからなります。先に成立したのが『旧約』で、のちに成立したのが『新約』です。旧約・新約の「約」は、神と人間を結ぶ契約のこと。神がイスラエルの民と結んだかねてからの契約が『旧約』で、神がイエスを全人類の元へ遣わすことで結んだ新たな契約が『新約』です。キリスト教に入信する場合、神と契約を結ぶことになり、信者はその契約を守る義務が発生します。

Q.5 『旧約聖書』にはなにが書かれているの？

A 神と人間の交流やイスラエルの民の興亡が記されています。

『旧約聖書』はユダヤ教の聖典『タナハ』にあたります。イスラエルの民に伝えられてきた天地創造の神話、歴史、預言、生活の知恵などがヘブライ語（一部アラム語）によって書かれています。

最初の人間「アダムとエヴァ」の物語（左）や「バベルの塔」の物語（右）などは、『旧約聖書』に収録されています。『アダムとエヴァ』アルブレヒト・デューラー／左）、『バベルの塔』（ピーテル・ブリューゲル／右）

Q.6 『新約聖書』にはなにが書かれているの？

A イエスの言行録が中心となっています。

イエスの生涯と教えを伝える福音書、弟子たちの言行録、信徒への手紙、『新約聖書』の「ヨハネ黙示録」などで構成されています。当時の国際語であるギリシア語で書かれており、のちにラテン語に訳されました。

イエスが山に登って人々に教えを説いたり、奇跡的な大漁をもたらしたりといったイエスの生涯は『新約聖書』に書かれています。『山上の垂訓』（カール・ハインリッヒ・ブロッホ／左）、『奇跡的な大漁』（ジェームズ・ティソ／上）

Q⑦ 死後の世界について、『聖書』にはどう書かれているの?

A 最後の審判が行われるとされています。

『新約聖書』の「ヨハネ黙示録」には、キリスト教の死後の世界観が描かれています。それによると、死んだ人間は生前の行いに応じて天国か地獄、あるいは煉獄（れんごく）で待機します。そして世界の終末が到来すると、魂と肉体が合体して最後の審判に臨み、その結果によって天国行きか地獄行きかが決まります。

画面中央に描かれているのが最後の審判。イエスの下で天使ミカエルが人々の魂の重さを測り、天国（画面左）行きか、地獄（画面右）行きかを審判しています。『最後の審判』（ハンス・メムリンク）

★COLUMN★ 進化論を信じるアメリカ人は5割だけ!?

科学が万能の現代においては、ダーウィンの進化論が常識とされていますが、アメリカでは進化論を信じる人が54%しかいないという調査結果が2019年に出されました。キリスト教では、たとえば地動説のように、『聖書』の記述と矛盾する科学を、教会が非難・弾圧してきた歴史があります。進化論に関しても、「神が天地を創造し、自分をかたどってアダムとエヴァをつくった」とする『旧約聖書』の記述に反することから、「信じない」という人がたくさんいるのです。最近では若者を中心に進化論を信じる傾向が高まっているそうですが、それでもまだ4割以上の人が「信じていない」ということがわかっています。

進化論を唱えたダーウィンを揶揄する風刺画

Q キリスト教が
　各地に広まったのはどうして?

イエスの一番弟子とされ、初代ローマ教皇となったペテロは、ローマでネロ帝の迫害にあい、殉教しました。その墓があったところに建てられたのがヴァチカン市国のサン・ピエトロ大聖堂です。

A イエスの弟子たちが 布教に尽力したからです。

イエスの死後、ペテロをはじめとする12人の直弟子（十二使徒）が布教活動に邁進しました。彼らはイエスの復活を機に自覚をもち、人々に教えを伝えるようになったのです。

イエスの教えに感銘を受け、各地で布教に明け暮れました。

十二使徒は多数の信徒のなかから、
イエスが自分の後継者として選んだ弟子たちです。
彼らは迫害を受け、ほとんどは処刑されてしまいましたが、
その熱心な布教活動が現在のキリスト教の基礎をつくりました。

① 十二使徒のほかに布教に貢献した人は?

A パウロを忘れてはいけません。

パウロはもともと熱心なユダヤ教徒で、キリスト教を弾圧する側にいました。しかし、イエスの奇跡に直面して回心し、異教徒への布教を積極的に行いました。それがキリスト教を世界宗教へ飛躍させるきっかけになったのです。

失明したパウロにイエスが触れると、パウロの目は見えるようになりました。この奇跡がパウロを回心させることになりました。『パウロの回心』(ピエトロ・ダ・コルトーナ)

② 布教活動だけでヨーロッパ中に広まったの?

A ローマ帝国での国教化も大きな要因です。

当初、ローマ帝国はキリスト教徒を激しく弾圧していました。この頃、殉教して「聖人」と崇められるようになった信徒も少なくありません。しかし帝国が弱体化すると、皇帝はキリスト教徒を味方にするほうが得策と考えるようになり、313年にキリスト教を公認し、392年には国教化されました。その結果、帝国の勢力圏内、すなわちヨーロッパの大半の地域にキリスト教が広まっていったのです。

キリスト教徒の大規模な迫害を行ったことで知られる
ローマ皇帝ネロ(左)とディオクレティアヌス(右)

③ Q ローマ帝国が分裂したとき、キリスト教はどうなったの？

A 教会も東西に分裂してしまいました。

ローマ帝国が395年に東西に分裂すると、西ローマ帝国ではローマに、東ローマ帝国（ビザンツ帝国）ではコンスタンティノープル（現在のトルコ・イスタンブール）に教会の総本山が置かれました。両者は次第に隔たりを大きくしていき、やがて聖像崇拝の可否や教皇の地位をめぐって激しく対立。1054年にはお互いに破門を宣告し、西のカトリック、東の東方正教会に分裂することになりました。

④ Q 中世のキリスト教世界での出来事を教えて！

コンスタンティノープルを攻撃するキリスト教徒。イスラム教徒との対立は、この頃から激化していきます。『十字軍のコンスタンティノープルへの入城』（ウジェーヌ・ドラクロワ）

A イスラム教との軋轢が生じました。
（あつれき）

11世紀半ば、ローマ教皇はイスラム勢力から圧力を受けたビザンツ皇帝の要請を受け、全7回にのぼる十字軍の遠征を開始します。聖地エルサレムをイスラム教徒から奪還する、というのが大義名分でした。しかし、第4回以降は略奪目的の遠征になり、最終的にエルサレム奪還は失敗し、ヨーロッパ社会が大きく疲弊することになりました。

カトリック教会（右）は華やかに飾り立てられているのに対し、プロテスタント教会（左）は飾りがなく質素な印象を受けます。

A 華やかな教会がカトリック、質素な教会がプロテスタントです。

カトリック教会の内部はステンドグラスや彫刻できらびやかな装飾がなされています。一方、プロテスタント教会は装飾がほとんど見られません。これは、聖像崇拝を認めるカトリックと認めないプロテスタントという考え方の違いを象徴するものです。

教えの解釈をめぐって分裂し、歩みを別にした３つの宗派。

キリスト教には大きく３つの宗派があります。
カトリック、正教会、プロテスタントです。
主流はカトリックで、正教会はローマ帝国の東西分裂を機に成立しました。
そして、カトリックを批判する形で生まれたのがプロテスタントです。

① 正教会とカトリックの違いはなに？

A 正教会は、国ごとに自立した組織をもっています。

カトリックはヴァチカン市国のローマ教皇を頂点とするピラミッド型の組織を形成しています。一方、正教会はギリシア正教会、ロシア正教会など、各国の教会が自立した組織をもっています。教えに関しては、カトリックが伝統や儀礼を重視し、聖人崇拝を認めるのに対し、正教会は神秘主義的な伝統をもち、イコン（聖像画）のみを崇拝します。

正教会では、イコンが崇拝対象とされています。『全能者ハリストス（キリスト）』（左）、『ウラジーミルの生神女』（右）

② なぜ、プロテスタントはカトリックを批判したの？

A 当時の教会が腐敗していたからです。

16世紀、カトリック教会はサン・ピエトロ大聖堂の改築資金を調達するため、購入すると罪の償いを免除されるという「贖宥状（しょくゆうじょう）」を販売しました。こうした腐敗を批判したのがドイツのルターやフランスのカルヴァンです。彼らは「信仰は神と個人の間にある。『聖書』が基本であり、教会は要らない」などと主張。この宗教改革の波がヨーロッパ各地に波及し、プロテスタント（抵抗）勢力がカトリックから分かれることになりました。

宗教改革を先導したルター。「教会は不要、聖職者の特権は認めない」と唱えました。

③ ローマ教皇の権力はどれくらい強いの?

A 13億人の信者を束ねる力をもっています。

カトリックのトップであるローマ教皇は、「神の代理人」ともいわれる存在で、世界人口の2割弱に当たる13億人の信者を束ねています。その影響力は大きく、紛争などの国際問題が起こると、教皇のコメントに注目が集まります。

ローマ教皇(左)とアメリカのオバマ元大統領。現在はアルゼンチン出身のフランシスコが第266代の教皇を務めています。

④ ローマ教皇はどうやって決めるの?

A コンクラーヴェで決めます。

ローマ教皇が亡くなると、世界中の枢機卿(すうききょう)がヴァチカン市国のシスティーナ礼拝堂に集まり、コンクラーヴェと呼ばれる秘密投票を行い、新教皇を選びます。投票総数の3分の2以上を得る必要があるため、新教皇が選ばれるまでには何日もかかります。

キリスト教の3つの宗派の流れ

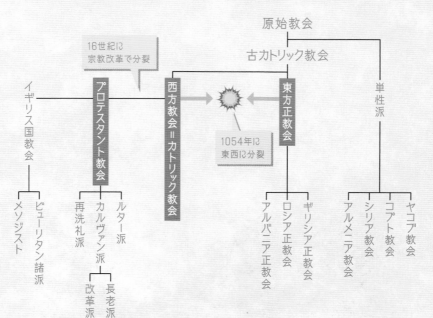

原始教会

古カトリック教会

16世紀に宗教改革で分裂

1054年に東西に分裂

イギリス国教会

プロテスタント教会

西方教会=カトリック教会

東方正教会

単性派

メソジスト

ピューリタン諸派

再洗礼派

カルヴァン派

ルター派

改革派

長老派

アルバニア正教会

ロシア正教会

ギリシア正教会

アルメニア教会

シリア教会

コプト教会

ヤコブ教会

⑤ 異なる宗派同士で 争いは起きなかったの？

A 戦争の原因にもなりました。

キリスト教は隣人愛を説き、暴力には否定的です。ところが、宗派ごとの教義の違いによって対立が生じ、それがエスカレートすると、同じキリスト教徒同士で争うことも珍しくありませんでした。フランスのカトリックによるユグノー（カルヴァン派）虐殺事件（サン・バルテルミの虐殺）を契機に勃発したユグノー戦争（1562〜1598年）、プロテスタントの蜂起が複数国の戦いに発展した三十年戦争（1618〜1648年）などが代表例です。こうした戦争では、両方の陣営に聖職者が派遣され、勝利のために祈りを捧げる姿が見られました。

ユグノー戦争のきっかけになったサン・バルテルミの虐殺。カトリックが数千人のユグノーを虐殺し、フランスの内戦に発展しました。

⑥ アメリカ合衆国の誕生にも、 キリスト教は関係しているの？

A イギリスのピューリタンが新大陸へ移住したのが アメリカ誕生のきっかけのひとつです。

16〜17世紀、イギリス国教会はカトリックとプロテスタントの中間に位置する教会でした。その国教会がとるカトリックとの妥協的な姿勢に対し、ピューリタン（清教徒）と呼ばれるイギリスのカルヴァン派が蜂起すると、国教会は激しい弾圧を加えました。そこで彼らの一部が新大陸へ移住したことにより、アメリカ合衆国が誕生することになったのです。

メイフラワー号に乗り、アメリカに渡ったピューリタンたち。『ピルグリム・ファーザーズの乗船』（ロバート・ウォルター・ウィアー）

⑦ 大航海時代の植民地でも布教をしていたの？

A 領土拡大と布教活動はセットでした。

15〜17世紀の大航海時代、ポルトガルやスペインは競って海外に植民地を建設し、そこから得た利益で栄華を極めました。このとき、植民地とともに急増したのがカトリックの信徒でした。当時のローマ教皇は、ポルトガルとスペインに対して「植民地で布教活動をするなら新領土の所有を認める」と約束。イエズス会などが植民地に進出して布教を行い、信徒を増やしていきました。つまり、領土拡大と布教活動はセットで進められていたのです。

（左）イエズス会のフランシスコ・ザビエル。日本にはじめてカトリックを伝えた宣教師です。
（右）イエズス会の会員が日本人に語りかけている場面。

⑧ 当時のプロテスタント圏の特徴を教えて！

A 資本主義が発達しました。

『聖書』において労働は贖罪で、利子をとることは禁止と捉えられていました。しかし、宗教改革を先導したカルヴァンは、「仕事に真摯に向き合うこと（＝天職に没頭すること）が、神に対する信仰の証である」と主張。また、もともとキリスト教には「禁欲」を奨励する教えがありました。そこから、働いて得たお金を貯めて投資するという現在の資本主義につながる循環が生まれたのです。近代以降、アメリカ、イギリス、オランダなど、プロテスタントの多い国で経済発展がみられたのは、そうした理由によるものです。

資本主義のシステムをピラミッド構造で示したもの。最も上の層には金袋が描かれています。

ウクライナ・キーウの教会のクリスマスツリー。実はイエスの正確な生誕日はわかっておらず、かつてヨーロッパ各地で行われていた冬至の祭りと融合した結果、12月25日になったとされています。

Q

キリスト教で
最も大切な
年中行事って
なに？

A

クリスマスと
イースターです。

イエスの生誕日を祝うクリスマス（聖誕祭）は毎年12月25日。一方、イースターは磔刑に処されたイエスが3日目に復活したことを祝う復活祭で、春分の日の後の最初の満月の次の日曜日に行われます。教会では集会が催されます。

礼拝やミサに参加することが、キリスト教徒の"つとめ"です。

キリスト教では、仏教のように修行という概念がありません。
一般のキリスト教徒は、地域の教会の一員となり、
定期的な礼拝やミサ、聖誕祭、復活祭などに参加することが求められます。

① 礼拝やミサは、どんな儀式なの？

A キリスト教徒が神から力を与えられる儀式です。

毎週日曜日に教会で行われる礼拝とミサ。両者は基本的に同じもので、プロテスタントでは「礼拝」、カトリックでは「ミサ」と呼んでいます。その内容は、一般的には祈り、賛美歌の合唱、聖書の朗読、説教という流れで進んでいきます。

カトリックのミサでは、聖体拝領（せいたいはいりょう）の儀式が行われます。「最後の晩餐」の際、イエスが葡萄酒とパンを手にして、「これわが体なり、わが血なり」と述べたことにもとづき、イエスの血と肉とをあらわす葡萄酒とパンを信徒たちに分け与えます。

② 神父と牧師はどう違うの？

A 神父はカトリック、牧師はプロテスタントです。

神父はカトリックと正教会の聖職者です。カトリックでは教皇、枢機卿（すうききょう）、司教、司祭、助祭という位階が定められており、司祭の尊称が神父です。正教会でも総主教、主教、司祭、補祭という位階があります。カトリック、正教会ともに聖職者は原則として妻帯はできません。一方、牧師はプロテスタントの聖職者。ただし、正式には聖職者という役職はなく、教会から委託された人々を牧する役割を果たしているにすぎません。妻帯や家庭をもつことができるのが、カトリックや正教会と異なる点です。

カトリックの神父（左）とプロテスタントの牧師（右）。神父は原則、男性だけ。
牧師には性別などの規定はなく、女性の牧師もいます。

Q3 賛美歌はなにを歌っているの?

A 神への賛美です。

ユダヤ教には聖書の一部を交唱する伝統があります。それを受け継ぐ形で、キリスト教でも神を賛美する歌が歌われるようになりました。中世には各地の様式が統一され、グレゴリウス聖歌が誕生します。16世紀までは聖職者と教会の聖歌隊だけがラテン語の歌詞で歌っていましたが、宗教改革を主導したルターが単旋律で簡単に歌えるコラールを考案すると、一般の人々も歌いやすい賛美歌が普及していきました。なお、賛美歌はプロテスタントの呼び名で、カトリックでは聖歌といいます。

カトリック教会の聖歌隊。

Q4 キリスト教では土葬が中心なのはなぜ?

A 最後の審判に備えるためです。

『新約聖書』の「ヨハネ黙示録」によると、死を迎えた人間は、最初の審判を受けた後、天国か地獄、または煉獄(れんごく)で最後の審判のときを待ち、そのときがきたら復活して最後の審判に臨むとされています。遺体を焼いてしまうと、最後の審判の際に困ると考えられているため、火葬ではなく土葬にする人が多いのです。

Q イスラム教徒が
　集まっているここはどこ?

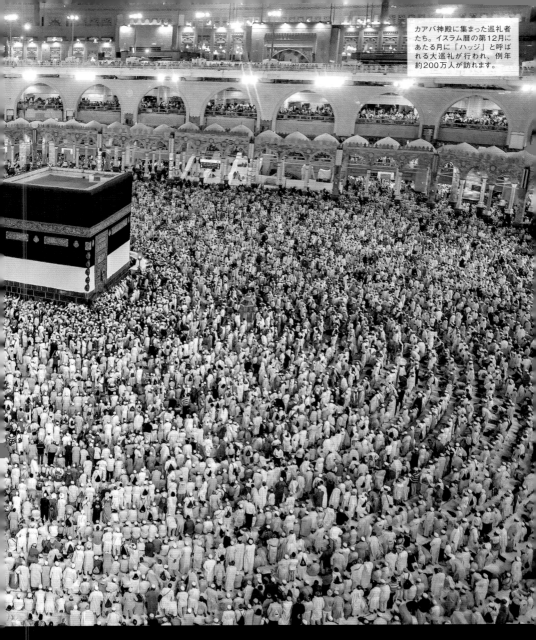

カアバ神殿に集まった巡礼者たち。イスラム暦の第12月にあたる月に「ハッジ」と呼ばれる大巡礼が行われ、例年約200万人が訪れます。

A ムハンマドが生まれた
イスラム教の聖地メッカです。

イスラム教の創唱者ムハンマドが生まれ、最初に布教活動を行ったのがメッカです。ここには唯一神アッラーの館であるカアバ神殿があり、イスラム教において最

啓示を受けたムハンマドが、
創唱者となりました。

近年、すさまじいスピードで信徒を増やし続けており、
キリスト教に次いで2番目に多い信徒数（約17.5億人）を誇るイスラム教。
やがて最大勢力になるといわれる世界宗教の開祖がムハンマドです。

① ムハンマドって、どんな人？

A もとは商人でした。

ムハンマドは570年頃、交易で栄えるメッカの商人の家に生まれました。彼自身も商人となり、25歳頃に未亡人のハディージャと結婚します。そして40歳頃からヒラー山で瞑想をはじめると、610年に唯一神アッラー（あるいは大天使ジブリール）から啓示を受け、預言者としてアッラーの教えを説くようになったのです。

ムハンマド

メッカを巡礼するムハンマドの一行。顔が白く覆われているのがムハンマドです。イスラム教ではアッラーが絶対で、崇拝すべきはアッラーだけとされています。ムハンマドの顔が描かれていることで崇拝対象とならないように、こうした措置がとられています。

メッカ郊外にあるヒラー山。ムハンマドはこの山の洞窟で瞑想していたときに、アッラーからはじめての啓示を受けました。

② 「預言者」は「予言者」と違うの？

A 違います。

「予言者」は未来について予測する人ですが、「預言者」は神の言葉を民衆に伝える人を意味します。つまり、神と人とを仲介するのが預言者です。イスラム教では、イスラエルの民を率いたモーセやキリスト教の創始者となったイエスなども預言者として認め、最高で最後の預言者がムハンマドだとしています。

③ アッラーはどんな神なの？

A 全知全能、唯一絶対の神です。

アッラーとは、アラビア語で神を意味する「イラーフ」に定冠詞の「アル」をつけた言葉。時間的なはじまり・終わりのない永遠の存在で、世界を創造し、あらゆる事象を司ります。正しい行いをする者には恩恵を与えてくれますが、何人たりとも目にすることはできません。絵にしたり、像に刻んだりすることも偶像化として禁じられており、それを行うことはイスラム教への最大の冒涜（ぼうとく）とされています。

④ 「アッラー・アクバル」ってどんな意味？

A 「神は偉大なり」という意味です。

ニュースなどで、イスラム教徒が「アッラー・アクバル」と口にするのを聞いたことがあるかもしれません。これは「神は偉大なり」という意味で、アッラーの名前のひとつとされています。すなわちアッラーには、「王者」「平和なる者」「慈愛深きお方」「世界の創造主」などといった99の美名があり、信徒はことあるごとにその名を唱え、讃えるのがよいといわれているのです。

⑤ ムハンマドの布教活動はうまくいったの？

A 紆余曲折がありました。

ムハンマドの教えは一族を中心に受け入れられていきましたが、当時のアラブ世界では多神教が信仰されており、また教えの内容が大商人にとって不利であったため、迫害されることになりました。そこで信徒とともにいったんメッカを去り（ヒジュラ）、ヤスリブ（のちのメディナ）でイスラム共同体ウンマを形成。やがて勢力を大きくし、メッカ軍と戦って、630年にメッカを征服。その後、アラビア半島を統一し、教線を広げていったのです。

メッカの北、およそ300kmに位置するメディナの預言者モスク。ヒジュラが行われたメディナは、イスラム教で第二の聖地とされています。

Q イスラム教には
どんな教えがあるの？

『コーラン』はアラビア語の原典のまま現代に伝えられています。神聖さ・正確さが重視されるため、原則、他言語への翻訳は認められず、翻訳されたものはあくまで「解説書」とみなされます。

A 聖典『コーラン』に書かれています。

ムハンマドは約20年間にわたり、アッラーから啓示を受けました。その内容を650年頃にまとめたのがイスラム教の根本経典『コーラン』です。全114章からなり、啓示の順に並んでいます。

信仰、食生活、戦争、結婚…、教えの内容は多岐にわたります。

『コーラン』には神の言葉が正確に記されています。
すべてが真実で、一字一句が神聖とされています。
また、アラビア語で「声に出して読まれるもの」という意味からわかるように、
唱えることや、読誦して人々に伝えることが大切と考えられています。

① 『コーラン』で、とくに重要な教えはなに?

A 六信五行です。

『コーラン』には、信仰を捧げるべき存在が繰り返し書かれています。それは、神(アッラー)・天使(マラーイカ)・啓典(キターブ)・預言者(ナービー)・来世(アーヒラ)・天命(カダル)の6つで、まとめて「六信」と呼ばれています。イスラム教徒は、この六信を信じなければならないのです。そして、六信を示す具体的な行動が「五行」です。

② 五行について教えて!

A 六信の実践です。

五行とは、信仰告白(シャハーダ)・礼拝(サラート)・喜捨(ザカート)・断食(サウム)・巡礼(ハッジ)の5つ。信仰告白と礼拝は信仰心を新たにするために毎日行われます。喜捨は1年間に蓄えた財産や食糧の一定割合を共同体に寄付し、苦しむ同胞を助けます。断食はイスラム暦9月のラマダン月に、日中いっさいの食べ物と水を断ちます。巡礼は一生に一度、メッカのカアバ神殿を目指します。これらの実践がイスラム教徒としての義務であり、正しい信徒の道とされているのです。

信仰告白

礼拝

喜捨

断食

巡礼

③ 日々の努力はどういう形で 身を結ぶの?

A 天国に迎え入れてもらえます。

人間の運命はアッラーによって定められていますが、『コーラン』には努力によって報いが得られることもあると書かれています。六信を信仰し、五行を実践していれば、最後の審判のとき、神の命に服従したことが評価され、天国に迎え入れられるとされています。

イスラム教の天国(ジャンナ／右)と、火獄(ジャハンナム／左)。ジャンナは安らぎに満ちた楽園。厳しい戒律から解放され、満ち足りた生活を送ることができます。ジャハンナムは灼熱の世界。永遠に焼かれる責め苦が続きます。

④ 『コーラン』のほかに 重要な経典はある?

A 『ハディース』が 第二の聖典とされています。

『ハディース』には、ムハンマドが語った言葉がまとめられており、法や倫理、慣行における判断基準とされています。『コーラン』だけで判断できない内容を補完します。また、『コーラン』や『ハディース』をもとに定められた神の法が『シャリーア』、いわゆる「イスラム法」で、イスラム世界を根底から律しています。

9世紀につくられたと伝わる『シャリーア』の写本。

⑤ イスラムの規定に背いたらどうなるの?

A やり直しはききます。

アッラーは改心して償う者には許しを与えてくれます。罪を犯したと気づいたら、懺悔をすることで、アッラーはそれを受け入れ、許してくれるとされているのです。償いの方法には、喜捨(五行の喜捨とは別)や断食などがあります。

Q イスラム教にも宗派はあるの？

A スンニー派とシーア派が 二大宗派です。

ムハンマド亡き後、イスラム教は後継者争いからスンニー派とシーア派の2つに分裂しました。スンニー派は世界のイスラム教徒の9割を占める多数派。シーア派は1割に満たない少数派ですが、イランやイラク、シリアでは国教となっています。

後継者の見解を異にする、スンニー派とシーア派。

スンニー派はムハンマドの死後、
合議で選ばれた4人のカリフ（正統カリフ）を後継者と認め、
その後の歴史についても肯定的に受け止めます。
一方、シーア派はムハンマドの従兄弟で娘婿のアリーと
その子孫のみをイマーム（最高指導者）とし、
その後のカリフについて否定的な見解をもっています。

イスラム教の宗派

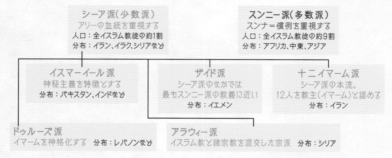

シーア派（少数派）
アリーの血統を重視する
人口：全イスラム教徒の約1割
分布：イラン、イラク、シリアなど

スンニー派（多数派）
スンナ＝慣例を重視する
人口：全イスラム教徒の約9割
分布：アフリカ、中東、アジア

イスマーイール派
神秘主義を特徴とする
分布：パキスタン、インドなど

ザイド派
シーア派のなかでは
最もスンニー派の教義に近い
分布：イエメン

十二イマーム派
シーア派の本流。
12人を教主（イマーム）と認める
分布：イラン

ドゥルーズ派
イマームを神格化する　分布：レバノンなど

アラウィー派
イスラム教と諸宗教を混交した宗教　分布：シリア

イスラム教の勢力圏が大きく拡大したきっかけはなに？

A アッバース朝のイスラム帝国化が挙げられます。

初期のイスラム教は、宗教的情熱と領土拡大の野心が一体化していました。その結果、8世紀末のアッバース朝の時代に西は北アフリカやイベリア半島から東は中央アジアまでを版図に収め、全盛期を迎えます。それ以前のウマイヤ朝は税金などについてアラブ人のみを優遇する"アラブ帝国"でしたが、アッバース朝はイスラム教徒であれば非アラブ人でも優遇する統治を行い、アラブ帝国から"イスラム帝国"へと変貌しました。こうして開かれた宗教になったことが、イスラム圏の拡大につながったのです。

アッバース朝の最大版図

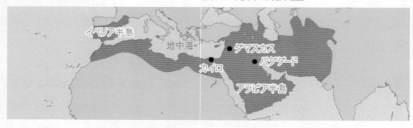

イベリア半島
地中海
ダマスカス
バグダード
カイロ
アラビア半島

② イスラム文明は西洋の文明にも影響を与えたの?

A イスラム科学を抜きにルネサンスの興隆はなかったでしょう。

キリスト教では地動説のように『聖書』の内容と矛盾する科学が否定される傾向にありました。一方、イスラム教では科学を「アッラーの恩恵」として受け入れていたため、ギリシア語文献の翻訳などが行われ、医学や数学、天文学、地理学などが早くから発展しました。そして、そうしたイスラム科学が十字軍の遠征などを通じてヨーロッパへ伝わり、ルネサンスへつながっていったのです。

③ オスマン帝国が地中海全域を支配できたのはなぜ?

A 異教徒に寛容な政策を行ったことが繁栄につながりました。

オスマン帝国の全盛期を築いたスレイマン1世

15世紀前半、オスマン帝国はイスラム世界の盟主となり、1453年に東ローマ帝国(ビザンツ帝国)を滅ぼして東地中海を版図に収め、アジア、北アフリカ、ヨーロッパの3大陸にまたがる広大な地域を支配します。さらに16世紀にはウィーンを包囲し、ヨーロッパのキリスト教徒に大きな脅威を与えました。オスマン帝国にはさまざまな民族・宗教が混在していましたが、イスラム教徒以外にも寛容な政策がとられたため、対立があまり起こりませんでした。国内の安定が対外的な勢力拡大につながったという見方もできます。

「ブルーモスク」として知られるスルタンアフメト・モスクは、6本のミナレット(塔)と直径27.5mの大ドームが印象的です。

④ その後のイスラム教の動向について教えて!

A イスラム復興運動が活性化しました。

第一次世界大戦で負けたオスマン帝国が解体されると、イスラム帝国の支配は終焉を迎え、アラブ諸国が独立して近代化が進みました。しかし、欧米追従を目指す急激な近代化は、貧富の差の拡大につながり、1979年にはイランでイラン・イスラム革命が起こります。そして他国でも、イスラム教の信仰に立ち帰ろうとするイスラム復興運動が盛んになっていきました。

Q イスラム教は、
戦争を正当化しているの？

エルサレムには、ムハンマドが昇天したとされる場所に立つ「岩のドーム」（金色のドームの建物）があり、イスラム教の聖地とされています。ただし、ユダヤ教とキリスト教にとっての聖地でもあるため、古くからこの地をめぐる戦いが繰り返されてきました。

A いいえ、そんなことはありません。

イスラム教には、聖戦（ジハード）という言葉があります。イスラムの過激派はこの言葉を使って、テロ行為を正当化しようとすることが多いです。しかし、ジハードの本来の意味は、アッラーのために奮闘努力することや、自分自身の欲やエゴと戦うこと、戦争にしても、原則としてイスラムの信仰を守るための戦いに限られます。

イスラム教は平和と慈愛の宗教、戦争を奨励することはありません。

イスラム教は、テロ行為と結びつけられがちな傾向があります。
しかし『コーラン』には、「こちらから戦いを仕掛けてはいけない」
「相手が戦いをやめたら手を引け」などと書かれています。
これはイスラム教徒としての義務。
殉教者が天国へ迎え入れられるジハードも、こうした種類の戦いです。

① イスラム過激派が生まれたのはどうして？

A さまざまな社会状況が影響しています。

アメリカ同時多発テロでは数千人が犠牲になりました。

近年、ニュースなどでイスラム過激派によるテロ事件を見聞きする機会が増えました。2001年9月11日、オサマ・ビンラディン率いるアルカイダが引き起こしたアメリカ同時多発テロ、IS（イスラム国）による2014年の国家樹立の宣言、風刺画に憤り、編集長などを殺害した2015年のシャルリー・エブド襲撃事件など、枚挙にいとまがありません。その背景には貧困や格差、差別、不平等などの社会的要因があるといわれています。また、欧米の孤独なイスラム系移民に過激思想を吹き込み、テロリストにしようとする者もいます。ひとついえるのは、一般のイスラム教徒はみな平和を望んでいるということです。

② 欧米社会と摩擦を起こしがちなのはなぜ？

A 「政教一元」の考え方が根本にあるからです。

イスラム教は単なる宗教ではなく、政治や経済、軍事、文化などすべてを包括するものです。政治については、『コーラン』の教えに従う形でなされるべきとされてきました。現在はイランのように『コーラン』を政治の根本に据える国もあれば、トルコのように政教分離（世俗主義）を徹底する国もありますが、イスラム社会では政教一元が基本です。これに対し、キリスト教社会では主に近代以降、政教分離が進められています。その考え方の違いから、さまざまな局面で摩擦が生まれることになるのです。

フランスでは政教分離の原則を「ライシテ」といい、国家や学校などの公的な空間から宗教色を一掃するようにしています。そのため、公共の場でイスラム教徒の女性がスカーフを着用したり、ユダヤ教の男性がキッパという帽子をかぶったりすることが禁じられています。

③ 利子NGなのに、
銀行があるってどういうこと？

A イスラム金融という
システムがあります。

ムハンマドが商人であったこともあり、イスラム教では経済活動を推奨していますが、『コーラン』では、利子をとることを禁じています。不労所得で儲ける者の増加と、多額の債務で貧困に陥る者の続出を避けるためです。銀行の利子も認められていません。ただし、投資利益である「ムダラーバ」は認められており、イスラム法に則したシステムによるイスラム金融が発達。イスラム社会の銀行は、このイスラム金融の商品を中心に扱っています。

イスラム金融に特化したマレーシアのAM銀行。マレーシアは、イスラム金融が最も発達している国のひとつです。

---

④ 女性の地位は低いの？

A 逆に、とても大切にされているともいえます。

イスラム教が成立する前、アラブ世界では女児が生まれると、生き埋めにすることもあったそうです。その風習を禁止したのがイスラム教で、男性にしか認められていなかった相続権まで与えました。また、『コーラン』では男性が4人まで妻を娶（めと）ることを認めていますが、これも女性を保護するためのものであり、男尊女卑や女性差別とは異なります。

サウジアラビアでは女性が自動車を運転することが禁じられていましたが、2019年に解禁されました。

Q 幾何学模様などがモチーフの
デザインが多いのはなぜ？

イラン・イスファハーンの
シャー・モスク。幾何学模様
のタイルアートが施されていま
す。なお、青色はイスラム教
で神聖視されている色です。

多くの禁忌<ruby>禁<rt>きん</rt></ruby><ruby>忌<rt>き</rt></ruby>のなかで発達した 美しくて豊かなイスラム文化。

『コーラン』や『ハディース』にはさまざまなタブーが記されており、
イスラム教徒はそれに従って生活を送っています。
他宗教の信徒にとっては、少し窮屈そうに感じるかもしれませんが、
そうしたなかから生まれた豊かな文化がイスラム世界には存在します。

① どんなタブーがあるの?

A 食べ物に関するタブーを 忘れてはいけません。

『コーラン』では「死肉、血、豚肉、アッラー以外の神に捧げられたもの」を食すことを禁じています。豚に関しては、豚肉を原料とする食品、豚由来の加工品や食材(ラード、出汁など)もNGとされています。豚以外は、「ビスミッラー(アッラーの御名によって)」と唱えながら頸動脈を切って屠殺した動物の肉は食べられます。酒は敵意と憎悪をあおり、神を忘れさせる飲み物ということで原則禁止ですが、伝統的に多様な解釈があり、トルコのように飲酒を認めている国もあります。

ユダヤ教で豚が不浄の動物とされてきたため、後世に成立したイスラム教でも豚肉食がタブーとなったと考えられています。ただし、誤って食べてしまった場合は罪になりません。

ハラールレストラン。イスラム教徒が食べても問題ない食品を「ハラール」といい、ハラール認証を受けた店ならイスラム教徒は安心して食事ができます。

② 音楽を聴くのは大丈夫?

A 絶対にダメということはありません。

『ハディース』によると、ムハンマドは音楽が聞こえてきたときに両耳を塞いだそうです。そこから、イスラム世界一般では「音楽は宗教的に推奨できない」という立場をとります。しかし、『コーラン』には音楽の是非について明記されていないうえ、『コーラン』の朗誦や礼拝の時間を知らせるアザーンが音楽的な響きをもっているため、音楽を許容するケースも少なくありません。

イスラム神秘主義(スーフィズム)という思想は、歌舞音曲が発展して形成されました。こうした旋回舞踏は修行のひとつとみなされています。

③ なぜ、女性はヴェールを身に纏っているの?

A 男性の欲望を刺激しないためです。

「美しいところは他人に見せてはいけない」「人前に出るときには、長い布で頭から足まで覆わなければならない」といった女性の服装に関する規定も、『コーラン』に書かれています。すなわち、男性の欲望を刺激しないようにヴェールをかぶるのです。

ヴェールにも何種類かあります。アフガニスタンのように規定の厳しい国では「ブルカ」と呼ばれるタイプ（左）を、それほど厳しくない国では「ヒジャブ」と呼ばれるタイプ（右）をかぶります。

---

④ 恋愛に関するタブーはあるの?

A 婚前交渉をしてはいけません。

イスラム社会では個人の恋愛がそれほどありません。親同士で結婚相手を決めるケースが多いのです。婚約したとしてもデートすることは少なく、婚前交渉も禁止。結婚すればいろいろ自由になり、うまくいかない場合は離婚することも可能です。

---

⑤ 葬儀の規定について教えて!

A 必ず土葬にする必要があります。

イスラム教徒の葬儀は、『ハディース』の規定に従って行われます。遺体は聖地メッカの方角へ頭を向けて埋葬されますが、基本的に土葬にしなければいけません。死者は最後の審判のときに生前の姿で復活すると考えられているからです。土葬の原則はキリスト教も同じですが、イスラム教では火葬は地獄に落ちた者に神が下す罰とされているため、キリスト教以上に火葬を避けます。

サウジアラビア・メディナのイスラム教徒の墓地。最近では日本のイスラム教徒も土葬を求めて活動しています。

シナイ山

エジプト・シナイ半島 ————
ユダヤ教

モーセが神から十戒を授けられたと伝わる山。
現在、「モーセの山」ともいわれている標高
2285m の山がその場所と考えられています。

聖墳墓教会

エルサレム ————
キリスト教

ローマ皇帝コンスタンティヌス
の命により、イエスが処刑され
たゴルゴタの丘の跡地とされる
場所に建てられた教会。335 年
の建造と、世界で最も古い教会
のひとつです。

サン・ピエトロ大聖堂

ヴァチカン市国・ヴァチカン ————
キリスト教

使徒ペテロの墓所上に建立されたローマ・カト
リック教会の総本山。床面積は 2 万 3000 ㎡を誇り、
キリスト教の建築物としては世界最大です。

カアバ神殿

サウジアラビア・メッカ ——
イスラム教
イスラム教において、地上で
最も神聖とされています。カ
アバとは「立方体」の意味。
黒い石造りの建物の東側の隅
には、聖なる黒石がはめ込ま
れています。

岩のドーム

エルサレム ——
イスラム教
金箔を貼ったドームの内部には、
預言者ムハンマドが昇天したとさ
れる聖なる岩があります。かつて
ユダヤ教やキリスト教の聖域でも
あった場所に建てられました。

生まれてすぐ、右手で天を、
左手で地を指して、「天上
天下唯我独尊（てんじょう
てんげゆいがどくそん）」と
唱えたという姿を表現した
仏像。釈迦は誕生から入滅
（にゅうめつ）まで、さまざま
な姿の像があります。

Q なぜ、釈迦は出家したの？

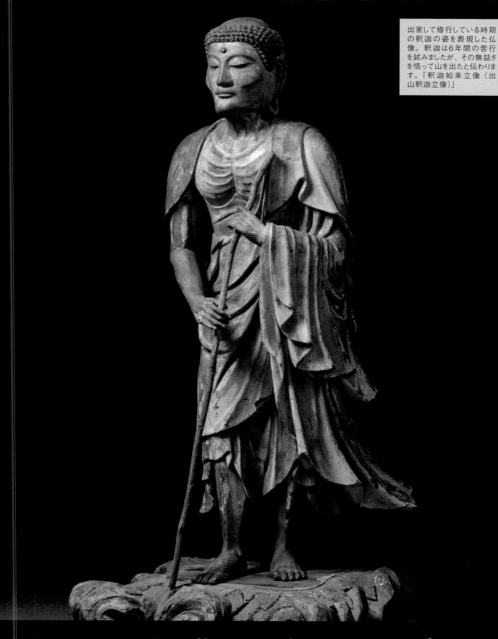

A この世の苦しみに直面したからです。

仏教の開祖である釈迦は、釈迦族の王子として生まれ、満ち足りた生活を送っていました。しかし、老病死（ろうびょうし）というこの世の苦しみに気づき、29歳のときに出家（しゅっけ）を決意しました。

宮廷や妻子を捨てて出家し、仏教の開祖となった王子。

釈迦は紀元前6世紀頃、ヒマラヤ山麓のルンビニで生まれ、
王城カピラヴァストゥで裕福な暮らしを送り、結婚もしました。
しかしある日、老人、病人、死者の葬列、そして憂いのない修行者を目にし、
周囲の反対を押し切り、王子の地位を捨てて出家したのです。

① 釈迦はどんな修行をしたの？

A 最初は苦行（くぎょう）に打ち込みました。

釈迦は最初のうちは山で断食（だんじき）などの苦行を行いました。バラモン教の教えに沿った修行でしたが、6年間続けても悟りを得られなかったため、苦行をやめて山を出て、ブッダガヤーの菩提樹（ぼだいじゅ）の下で瞑想（めいそう）をはじめました。そして村娘スジャータから乳粥（ちちがゆ）の供養を受け、悪魔の誘惑を退けて、悟りに至ったのです。

ブッダガヤーの菩提樹。大きく枝を広げる菩提樹の下に、釈迦が悟りを開いた金剛宝座が残されています。

② 釈迦とブッダは同じなの？

A 同じ人ですが、意味合いは違います。

釈迦は部族名で、本名はゴータマ・シッダールタといいます。釈迦族出身の聖者という意味で、釈迦如来、略して釈迦と呼ばれるようになりました。一方、ブッダ（仏陀）とは、「目覚めた人、悟りを開いた人」という意味のサンスクリット語「buddha」に漢字を当てたもので、インドでは一般的に宗教的な聖者を表します。

悟りを得たブッダは、柔和な表情をしています。

③ そもそも悟りってなに？

A 永遠の真理を会得した境地と一体化することです。

永遠の真理を会得した境地と一体化することを悟りといいます。永遠の真理とは、人生は苦であるから、何事にも執着してはいけないということです。なお、釈迦が最初に得た悟りはバラモン教徒としての悟りでした。その後、命を終えようとした釈迦のもとに、バラモン教の最高神であるブラフマーが現れ、人々に教えを説くように懇願したため、釈迦は悟りを完成させ、ブッダとなって仏教を開くことになったのです。

---

④ ブッダの教えを広めたのは誰？

A 弟子たちが布教に尽力しました。

悟りを得たブッダは、約45年にわたって各地で教えを説き、クシナガラの沙羅双樹（さらそうじゅ）の下で入滅（にゅうめつ）します。しかし、その教えはシャーリプトラ（舎利弗／しゃりほつ）とマウドガリヤーヤナ（目犍連／もくけんれん）をはじめとする「十大弟子」らによって広められ、伝承されていきました。

この世を離れようとするブッダを、弟子たちが囲んでいます。『仏涅槃図』

Q 仏教の教えはどんなもの?

仏像が蓮華の台座に座って
いたり、極楽浄土の絵に蓮
華が描かれているなど、蓮華
は仏教と深い関係にあります。

Ａ 蓮の花（蓮華）の姿に似ている
といわれています。

蓮は泥水の沼でも成長し、その汚れに染まることなく、凛（りん）とした美しい花を咲かせます。
人間もこの世で煩悩（ぼんのう）という泥にまみれても、汚れに染まらず、悟りの花を咲かせる
ことができます。両者がよく似ていることから、蓮華は仏教を象徴する花となっているのです。

泥沼でも美しく咲くように、
煩悩を消し去って悟りに至る。

人生で直面するさまざまな苦しみ。
その苦しみの原因は煩悩という精神作用にあるといわれています。
煩悩を消し去ることが救いにつながり、悟りへとつながっていくのです。

① 煩悩についてもっと教えて！

A 煩悩にまみれると、
　　苦しみばかりになります。

煩悩は、心身を悩ませ、惑わせ、汚し、煩わせる心の
はたらきです。その数は108あるといわれますが、最
も根元的なものが貪（とん）・瞋（じん）・痴（ち）の3つ
（三毒）です。すなわち、ものをほしがり執着する＝貪、
憎悪する＝瞋、真理を知らず物事の理非の区別が
つかない＝痴（愚痴）ということで、煩悩にまみれると、
人生が苦しみばかりになってしまうとされています。

除夜の鐘は、108の煩悩を除くことを願って108回鳴らします。

② 苦しみを滅するにはどうすればいいの？

A 四諦（したい）という考え方に説かれています。

四諦とは、苦諦（くたい）・集諦（じったい）・滅諦（めったい）・道諦（どうたい）の4つを意味します。苦諦は、人生
は思いどおりにならないという真理。集諦は、苦しみをもたらすのは煩悩であるという真理。滅諦は、煩悩が消える
と涅槃の境地に達して悟りが開かれるという真理。道諦は、煩悩を消すためには修行の道があるという真理です。

法輪

四諦は、ブッダによるはじめての説法（初
転法輪）の際に説かれた概念とされてい
ます。中央の法輪（ほうりん）はブッダの
象徴で、教えが車輪のように広まることを
示しています。『仏伝「初転法輪」』

③ 悟りに向けて実践すべき方法を教えて！

A 八正道の実践です。
（はっしょうどう）

ブッダは悟りへの道として、八正道という8つの方法を説いています。①正しいものの見方をする＝正見（しょうけん）、②正しい認識をもつ＝正思惟（しょうしゆい）、③正しい言葉を用いる＝正語（しょうご）、④正しい行いをする＝正業（しょうごう）、⑤正しい生活を送る＝正命（しょうみょう）、⑥正しい努力をする＝正精進（しょうしょうじん）、⑦正しい反省をする＝正念（しょうねん）、⑧正しい精神統一をする＝正定（しょうじょう）。これらの修行を日常で繰り返すことが悟りにつながるとしています。

④ ほかに重要な教えはある？

A 四法印を忘れてはいけません。
（しほういん）

この世は苦しみに満ちているという「一切皆苦（いっさいかいく）」を出発点とし、万物は変化し続け、永遠にあり続けるものはないという「諸行無常（しょぎょうむじょう）」、すべては因縁から生じ、独立した自我は存在しないという「諸法無我（しょうほうむが）」、執着を捨てることで煩悩が消滅した涅槃（ねはん）の境地に達することができるという「涅槃寂静（ねはんじゃくじょう）」、それぞれの真理を体得することを目指す四法印も、仏教の基本の教えです。

⑤ 修行はどの程度が望ましいの？

A 中道を目指します。
（ちゅうどう）

ブッダは、バラモン教のような行き過ぎた苦行や快楽に耽る生活をよしとしません。極端に走ることを戒め、中間の状態で実践するのが理想としました。

ブッダは修行の実践にあたって中道を重視しています。

Q 仏教にも宗派があるの？

タイ・チェンマイのコムローイ祭り。ブッダへの敬意と感謝の気持ちを込めて、夜空にランタンを飛ばします。タイに伝わる仏教は、上座部仏教です。

A 南伝と北伝、2つの流れから
多様な教えが生まれました。

ブッダの入滅後、100年ほどすると、戒律の解釈をめぐって教団が分裂。そこからさらに大衆部（たいしゅぶ）と上座部（じょうざぶ）に分かれます。そして南方に伝えられた上座部仏教（南伝仏教）と、大衆部をルーツとする大乗（だいじょう）仏教（北伝仏教）の2つの流れが多様な宗派を生み出したのです

個人で悟りを目指す上座部仏教、
利他の行いを重視する大乗仏教。

インドからスリランカや東南アジア方面に伝えられた上座部仏教は、
出家して修行を重ね、個人の力で悟りに至ろうと考えます。
一方、「大きな乗り物」を意味する大乗仏教は、
自分が悟りを得る前に、利他の精神で人々を救うべきと考えます。
この大乗仏教が中国や朝鮮半島、そして日本へと伝えられました。

① インドの仏教は
どうなったの？

A 衰退してしまいました。

インドは仏教発祥の国です。紀元前3世紀、アショーカ王の時代にはインド全域に仏教が広まりました。のちにバラモン教を基礎としたヒンドゥー教が成立してからも、仏教は勢力を保持していました。しかし8世紀以降、インドにイスラム教が入ってくると、仏教は弾圧を受け、大きく衰退。やがてヒンドゥー教に取り込まれてしまいます。近年、インドの仏教徒は増えてきていますが、それでも全人口の1%にも達しません。

古代インドで仏教の興隆に貢献したマウリヤ朝の
アショーカ王のレリーフ。

② 日本への仏教伝来の経緯を教えて！

A 中国、朝鮮半島経由で
日本に伝わりました。

インドから伝わった大乗仏教は、隋・唐時代の中国で発展し、朝鮮半島へ伝播しました。それが日本へもたらされたのは6世紀、欽明(きんめい)天皇の時代です。朝鮮半島にあった百済が高句麗(こうくり)や隣国の新羅(しらぎ)と交戦しているとき、日本は百済に武力援助を実施。その見返りとして、百済の聖明王(せいめいおう)が仏像や経典を贈ってきました。これが日本への仏教伝来とされています。

日本での仏教振興において、重要な役割を果たした聖徳太子。仏教の受け入れについて、最初は賛否両論ありましたが、太子らが熱心に奨励したことで大きく広がることになりました。

③ 日本にはどんな宗派があるの?

A 13の宗派が広く知られています。

現在の日本仏教を代表する宗派は13宗とされていますが、時代ごとに流行がありました。奈良時代には南都六宗と呼ばれる6つの宗派が朝廷から公認され、経典の研究などが盛んに行われました。平安時代には密教が現世利益を実現するということでもてはやされます。そして平安時代末期から鎌倉時代にかけて、民衆の救済を説く鎌倉新仏教が流行しました。

現代日本の主要13宗派

平安仏教
現世利益を実現する密教が流行した
天台宗●最澄（てんだいしゅう・さいちょう）
真言宗●空海（しんごんしゅう・くうかい）

奈良仏教
経典の研究などを中心としていた
法相宗●道昭（ほっそうしゅう・どうしょう）
華厳宗●良弁（けごんしゅう・ろうべん）
律宗●鑑真（りつしゅう・がんじん）

鎌倉新仏教
民衆の救済に力点を置く、わかりやすい内容の教え

浄土系宗派

融通念仏宗●良忍（ゆうづうねんぶつしゅう・りょうにん）	
浄土宗●法然（じょうどしゅう・ほうねん）	
浄土真宗●親鸞（じょうどしんしゅう・しんらん）	
時宗●一遍（じしゅう・いっぺん）	

禅系宗派

臨済宗●栄西（りんざいしゅう・えいさい）	
曹洞宗●道元（そうとうしゅう・どうげん）	
黄檗宗●隠元（おうばくしゅう・いんげん）	
日蓮宗●日蓮（にちれんしゅう・にちれん）	

※黄檗宗は江戸時代に中国から伝来した宗派で、鎌倉新仏教には含まれない。

④ 「南無阿弥陀仏」と「南無妙法蓮華経」ってどう違うの?

A 帰依する対象が違います。

「南無阿弥陀仏」は浄土宗や浄土真宗などの浄土系宗派がとなえる言葉で、念仏（ねんぶつ）といい、「阿弥陀さまを信じ、すべてお任せします」といった意味になります。一方、「南無妙法蓮華経」は日蓮宗がとなえる言葉で、題目（だいもく）といい、「法華経の教えを信じ、従います」といった意味になります。

浄土系宗派の本尊である阿弥陀如来が臨終を迎えようとしている人のもとに降りてきて救済しようとしているところです。『阿弥陀聖衆来迎図』

⑤ お経について教えて!

A 日本では『般若心経』（はんにゃしんぎょう）の人気が高いです。

仏教には「八万四千の法門」といわれるほどたくさんの経典があります。そのうち日本で人気の高い経典が『般若心経』です。全部で262文字しかない短い経典ですが、仏教のエッセンスがすべて詰め込まれており、多くの宗派で読誦されています。

Q 仏像が何種類もあるのは
どうして？

愛染明王（あいぜんみょうおう）像。明王は、教えに従わない人々を怒りの表情でねじ伏せ、正しい道に導きます。

A 導き方が異なるからです。

如来・菩薩・明王・天、仏は4つにランク分けされます。

如来はすでに悟りを開いている仏、
菩薩はあえて仏にならずこの世で人々を救済する存在、
明王は教えに従わない人々を指導する密教の仏、
天は仏教を護るインド由来の神々です。
如来を頂点とする多様な仏が、人々を悟りの道へと導いてくれるのです。

仏の4つのランク

如来	悟りを開いた仏さまの世界のリーダー	釈迦如来・阿弥陀如来・大日如来・薬師如来など
菩薩	悟りの世界と現世の橋渡しをする	観音菩薩・弥勒菩薩・文殊菩薩・地蔵菩薩など
明王	教えに従わない者を導き、敵を滅する	不動明王・降三世明王・愛染明王・孔雀明王など
天	仏さまの世界を警護する役目を担う	梵天・帝釈天・鬼子母神・金剛力士など

Q なぜ、千手観音にはたくさん手があるの?

A 「救い漏れ」のないようにです。

観音菩薩は33通りの姿に変身して人々を助けにきてくれる仏です。千手観音はその一形態。1000本の手をもっているのは、その手のひとつひとつについている眼で世界中の人々を見つめ、どんな人でも漏らすことなく救済するため。千手観音は広大無限（こうだいむげん）の慈悲（じひ）の心を表現しているのです。

千手観音といいながら実際に1000本の手をもっている像はほとんどなく、42本の像が多いです。42本がそれぞれ25の世界を救い、掛け合わせると1000本を超えるというわけです。

② 世界一大きな仏像を教えて！

A 中国の魯山大仏（ろざん）です。

巨大な仏像を大仏といいます。大きければ大きいほどご利益も大きいと考えたのか、世界各地に大仏がつくられました。2022年現在、世界一大きいのは中国河南省にある魯山大仏で、128m（台座を入れると208m）もあります。日本一は100 m（台座を入れると120 m）ある茨城県牛久市の牛久大仏。世界3位で、ブロンズ像としては世界一の高さを誇ります。

世界一の魯山大仏は2008年に完成。2018年にインドの統一の像（仏像ではありません）ができるまでは、世界一高い像でした。

---

③ 外国出身の仏がいるってホント？

A 天に分類される仏の多くはインド出身です。

仏教はヒンドゥー教と同じく古代インドのバラモン教の影響を受けて成立しました（P100）。そのため、インドの神々が仏教に取り入れられて仏教の守護神になったケースが多くあります。たとえば、帝釈天（たいしゃくてん）はインドラと同一視され、梵天（ぼんてん）はブラフマーです。また、七福神のひとつである大黒天（だいこくてん）はマハーカーラ（シヴァ）と神道の大国主神（おおくにぬしのかみ）が習合（しゅうごう）したものです。

仏教では天に属する帝釈天（左）と梵天（右）。

大国主神と習合して大黒天となったマハーカーラ。

Q お寺はなにをするところ？

A 仏像をまつる場所です。

仏像を安置するのが寺院の役割のひとつです。また、僧侶が修行する場所でもあります。ほかに、厄除けなどの祈祷（きとう）や冠婚葬祭が行われることもあります。

ブッダの遺骨を納めた建物が
お寺の塔のルーツになりました。

ブッダが入滅すると、遺体は荼毘に付されました。
そして、舎利と呼ばれる遺骨が信徒たちに分けられ、
舎利を納めるストゥーパ(仏塔)が建てられました。
それが日本では三重塔や五重塔になりました。

Ｑ1 なぜ、「四重塔」や「六重塔」はないの?

A　陰陽思想の影響といわれています。

寺院には「三重塔」「五重塔」「七重塔」などがありますが、なぜか四重塔や六重塔といった偶数階の塔を見かけません。その理由は、古代中国の陰陽思想で奇数を「陽」、偶数を「陰」と考えていたからという説があります。

高さ約55m、木造の塔としては日本一の高さを誇る京都の東寺の五重塔。

奈良の興福寺の三重塔。国宝の三重塔は日本に十数基しかありません。

Ｑ2 お坊さんが坊主頭なのはどうして?

A　出家の象徴だからです。

仏教の僧侶が頭を丸めているのは、戒律に定められているからです。髪の毛を含めたすべての飾りを捨て、家族も捨てて、修行に打ち込む。そうした思いが坊主頭に表れているのです。ただし、浄土真宗などの僧侶は「慈悲深い阿弥陀如来は、行いにかかわらず誰でも救ってくれる」という考えから、有髪で生活している人もたくさんいます。

③ お坊さんはどんな修行をしているの？

A 六波羅蜜の実践です。

上座部仏教では、出家僧は戒律に基づいた
集団生活を営み、托鉢（たくはつ）を行って修
行に専念しています。一方、大乗仏教では六
波羅蜜、すなわち他人に施しをする「布施（ふ
せ）」、戒律を守る「持戒（じかい）」、苦難に耐
えて憤ったり失望したりしない「忍辱（にんに
く）」、修行に邁進する「精進（しょうじん）」、坐
禅で心を浄め統一する「禅定（ぜんじょう）」、
前の5つの根本になる心の働きである「智慧
（ちえ）」を日々の生活のなかで実践することが
重要とされています。修行の方法は違っても、
悟りの境地を目指すということは変わりません。

托鉢を行うタイの少年僧。在家の信徒は布
施によって徳を積むことが奨励されています。

④ 戒名にはどんな意味があるの？

A 仏弟子に授けられる称号です。

戒名とはブッダの弟子に授けられる称号のこと
で、本来は戒律の遵守を誓った僧侶や在家
信者に与えられる仏教徒名です。しかし日本
では、死後に戒名を授けてブッダの弟子となっ
ても往生できると解釈され、現在のように葬儀
の際に戒名がつけらるようになりました。

位牌に書かれた戒名。戒名の形
式は宗派によって異なります。

★COLUMN★ 現代の仏教は葬式仏教

現在の日本の仏教界は、「葬式仏教」と揶揄（やゆ）されることがあります。人々の救済や真理の追究といった本
来の目的を忘れ、葬儀や法事を執り行うだけになっているという意味です。江戸時代、幕府は一家が必ずどこかの
寺院の檀家（だんか）となり、寺院が葬祭を執り行い、檀家は布施によって寺院を支えるという檀家制度を設けま
した。さらに、各宗派の本山（ほんざん）に葬祭を担う末寺（まつじ）を管理させるようにしました。こうした幕府の
宗教統制策により、檀家は末寺に葬祭を依頼する習慣が定着した結果、葬式仏教化が進んでいったのです。ただし
日本では、日常生活が修行と考えられ、死はその完成とみなされます。葬儀はそれを祝う大切な儀式でもあります。

Q ヒンドゥー教の
究極の目的を教えて!

ヒンドゥー教徒が瞑想の修行の際に使うヤントラ。象徴的な幾何学図形に意識を向け、集中を高めていきます。

A 輪廻(りんね)から解脱(げだつ)することです。

ヒンドゥー教では、人が死ぬと前世の業（カルマ）に応じて生まれ変わると考えられています。いわゆる輪廻転生（りんねてんしょう）です。無限に繰り返されるそのサイクルから解脱して、神々が住む天界に生まれ変わることが究極の目的と考えられています。それが仏教の解脱と異なる点です。

死によって肉体は消滅しても、霊魂（アートマン）は不滅です。

生まれ変わりを繰り返す輪廻転生の思想。
来世でどのような肉体を得るかは、前世の業によって決まります。
ただし天界に生まれたとしても、そこで輪廻転生のサイクルは終わりません。
その点が「解脱の後に存在は消滅する」と考える仏教との違いです。

① ヒンドゥー教と仏教、2つの宗教が似ているのはどうして？

A どちらもバラモン教を母体として生まれたからです。

古代インドにはバラモン教という支配者層の宗教がありましたが、時代を下るにつれて、ヒンドゥー教へと成長していきました。一方、仏教はバラモン教を批判することにより発展した宗教。そうした経緯から、ヒンドゥー教と仏教は輪廻転生の思想など、似ている部分が多いのです。

ヒンドゥー教と仏教の関係

仏教	バラモン教	ヒンドゥー教
釈迦（ブッダ）がはじめた教えで、バラモン教の階級制度などを批判する勢力の支持を集めた	← アーリア人の自然崇拝から生まれた多神教 →	バラモン教が仏教や土着信仰などを取り込み、大衆化。ヒンドゥー教として展開した

② バラモン教についてもっと教えて！

A アーリア人の宗教です。

バラモン教は紀元前15世紀頃、北西インドに侵入したアーリア人に由来する宗教です。アーリア人は自分たちを司祭（バラモン）という特権階級に位置づけ、先住民を支配するための階級制度を考案。そこにインド古来の土着宗教などが取り込まれ、バラモン教ができました。輪廻や解脱もバラモン教の思想で、のちのヒンドゥー教へと受け継がれました。

バラモン教をルーツとするヒンドゥー教寺院の壁に彫られた兵士のレリーフ。

③ ヒンドゥー教に聖典はないの？

A 『ヴェーダ』があります。

自然讃歌の歌集である『ヴェーダ』が聖典として重視されています。紀元前15〜前8世紀頃に編纂されたもので、主に口伝で受け継がれてきました。『ヴェーダ』の関連書『ウパニシャッド』に、輪廻思想や解脱が説かれています。また、『マハーバーラタ』『ラーマーヤナ』の2大叙事詩も聖典のひとつとなっています。

『マハーバーラタ』は9万以上の節からなる世界最長の叙事詩で、王族の分家であるクルー一族とパーンドゥー一族の争いが主に語られています。上はその最終決戦となったクルクシェートラの戦いを描いた絵です。

④ ヒンドゥー教の身分制度について教えて！

A 輪廻思想から生まれたカースト制度です。

カースト制度は聖職者のバラモンが最上位、次に貴族や戦士のクシャトリア、農工商人のヴァイシャ、隷属民のシュードラと続くヒエラルキーです。親から受け継がれ、身分や職業、婚姻などが規定されてしまうため、深刻な社会問題にもなっています。現世で変更することはできませんが、善行や功徳を積めば来世でより高いカーストに上がることも可能で、輪廻思想と深くつながっている考え方といえます。

カースト制度

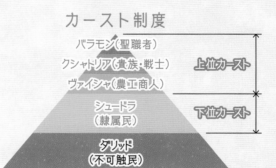

バラモン（聖職者）
クシャトリア（貴族・戦士）
ヴァイシャ（農工商人） ← 上位カースト
シュードラ（隷属民） ← 下位カースト
ダリッド（不可触民）

★COLUMN★ インドで仏教への改宗者が増えている

インドではカースト制度に基づく差別が禁止されています。しかし現実的には、数千年の歴史を有する社会制度ゆえに差別意識は根強く残っています。そうしたなか、最下層に位置づけられた人々が仏教に改宗する動きが目立っています。ヒンドゥー教を捨てて、新しい人生をはじめようというわけです。仏教は理論的な宗教で、とくにIT関連産業との相性がよいとされていること、さらに平和的な思想をもつことも、仏教徒の増加につながっているのかもしれません。

Q 輪廻から解脱するには どうすればいいの？

シヴァの像。シヴァは破壊によって世界を導くとされる神で、ヒンドゥー教の三大神のひとつです。

A 神を敬愛することが
ひとつの方法です。

ヒンドゥー教における究極の目的である解脱。それを実現する方法のひとつが神に対する絶対的な帰依（バクティ）です。シヴァやヴィシュヌなどの神々を信じることがとくに重要とされています。

ブラフマー、ヴィシュヌ、シヴァが、創造、維持、破壊と再生を司る。

キリスト教やイスラム教と異なり、ヒンドゥー教では多数の神々が信仰されています。
そのうち三大神とされているのが、宇宙を創造するブラフマー、
世界を維持するヴィシュヌ、破壊するシヴァです。
ヴィシュヌとシヴァはとくに人気が高く、
ヴィシュヌ派とシヴァ派という二大宗派を形成しています。

① シヴァについてもっと教えて！

A 猛毒を飲んだため、青黒い肌をしています。

破壊することによって新たな世界を導くのがシヴァの役割です。
額にある目でみられたものは、すべて破壊されてしまいます。肌
が青黒い理由は、世界を滅ぼす猛毒を飲み干したせいだと伝
えられています。

妻のパールヴァティーと寄り添うシヴァ。パー
ルヴァティーは最も人気の高い女神です。

② シヴァと人気を二分するヴィシュヌはどんな神なの？

A 変身するのが得意です。

世界が危機に直面したとき、人々を救ってくれるのが
ヴィシュヌです。その際、ヴィシュヌは動物や魚など、さ
まざまな姿に化身します。仏教を開いた釈迦（ブッダ）も、
ヴィシュヌの化身とされています。

温厚で慈悲深い性格
とされるヴィシュヌ。顔
の表情から優しさがう
かがい知れます。

**ブラフマーは
人気がないの？**

A　不人気というわけではありません。

宇宙の根本原理であるブラフマンを神格化したのがブラフマー
で、宇宙の創造神です。シヴァとヴィシュヌの信仰が高まるにつ
れて、ブラフマーの地位が下がってしまいましたが、ヒンドゥー教
における主神のひとつであることに間違いはありません。ちなみ
に、仏教では「梵天（ぼんてん）」として知られています。

ブラフマーは4つの頭で世界の4方向をみています。

④　ほかに、どんな神がいるの？

A　ガネーシャは人気があります。

商売繁盛のご利益で人気のガネーシャは、シヴァとパールヴァティーの間に生まれた息子。シヴァに誤って首を斬
られてしまい、再生しようとしたものの、首がみつからなかったため、ゾウの首で代用されたと伝わります。ヴィシュヌ
の化身のひとつ、ラーマの僕（しもべ）の猿の神ハヌマーンは、孫悟空のモデルとして有名。魔神や怪物と戦う軍
神インドラは、雷を象徴する英雄神ですが、女性関係にだらしがなく、睾丸を切りとられてしまったという逸話が残っ
ています。

左からハヌマーン、ガネーシャ、
インドラ。いずれもヒンドゥー
教で人気のある神々です。

Q ガンジス川で
沐浴するのはなぜ？

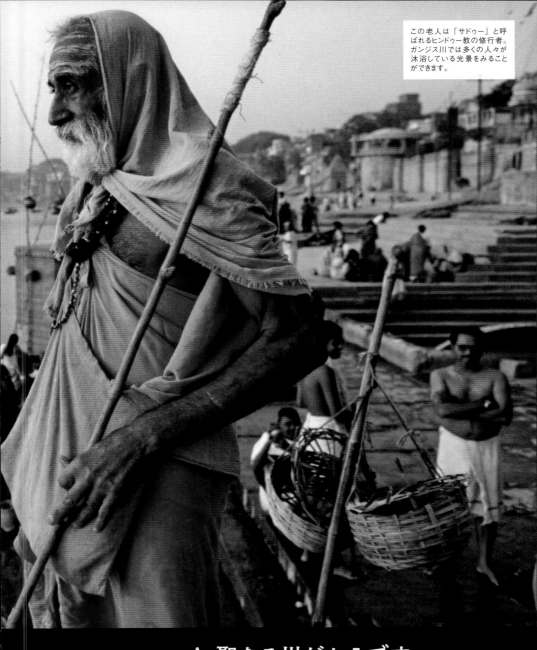

この老人は「サドゥー」と呼ばれるヒンドゥー教の修行者。ガンジス川では多くの人々が沐浴している光景をみることができます。

A 聖なる川だからです。

ヒンドゥー教徒のガンジス川は、日本人にとっての富士山。

ヒンドゥー教の神話によると、ガンジス川はシヴァの頭髪から流れ出てきたとのこと。
そんな神秘的ないわれのある川だからこそ、
沐浴をすれば罪が浄化され、遺骨を流せば極楽往生できると信じられているのです。

① ヒンドゥー教とヨーガは、関係があるの？

**A 修行法として
確立されたものです。**

日本でもすっかり定着したヨーガ。これはインド古来の「瞑想（めいそう）」に由来する修行法です。ヨーガはサンスクリット語で「結合」「集中」「制御」などを意味し、心を統一し、精神を集中することによって超自然的な力を得ることを目的とします。解脱に至る方法のひとつでもあります。

ヨーガは仏教の坐禅に相当します。
釈迦は坐禅することで悟りを得ました。

② 有名なホーリーの祭りの意味を教えて！

A 春の訪れを祝う祭りです。

ヒンドゥー教では各地でさまざまな祭りが催されます。なかでも熱狂的なことで知られるのが、春先に行われるホーリーです。誰彼かまわず色つきの粉や水をかけ合って春の訪れを祝い、豊穣を祈ります。

ホーリーで色つきの粉や水をかける理由について、カシミール地方で悪鬼を追い払うために泥などを投げていたことに由来するという説があります。

③ なぜ、インドの街中では ウシが堂々と歩いているの?

A 神聖な動物と考えられているからです。

ジャイプールの街中を悠々と歩くウシ。

ヒンドゥー教では、シヴァが乗り物にしていることもあって、ウシを神聖視しています。そのため、ウシを無下に扱ったり、牛肉を食べたりすることはタブーなのです。また輪廻転生の思想の影響により、ほかの四足獣の肉も食べません。ヒンドゥー教徒は肉全般を避け、菜食を中心とする傾向があるのです。

④ ほかに、どんなタブーがあるの?

A 食事や握手の際に左手を使ってはいけません。

左手は排便の際に使うこともあって、不浄と考えられています。そのため、食事をしたり、誰かと握手したりするときなどに左手を使うのはNGとされています。また、頭に神が宿ると考えられていることから、子どもの頭をなでたりする行為も嫌がられます。

★COLUMN★ **イスラム教との摩擦が深刻に**

インドは人口の約80%がヒンドゥー教徒ですが、約15%はイスラム教徒が占めています。イギリスから独立する際、独立運動の指導者ガンディーは双方の融和を訴えましたが、その願いは叶わず、彼はヒンドゥー教徒に暗殺されてしまいました。近年も過激派によるテロが起こり、罪のない人々の命が失われています。

17世紀前半、イスラム系のムガル帝国時代に建てられたタージ・マハル。この世界遺産の宮殿は、イスラム文化とインド文化の融合の象徴とされています。

Q 神道で
いちばん偉い神は誰？

A 天照大神です。
（あまてらすおおみかみ）

日本には「八百万（やおよろず）」といわれるほど多くの
神がいます。そのなかで最高位に位置しているのが天
照大神。太陽と同一視される、皇室の祖先神です。

高天原（たかまがはら）から
地上に降りようとする孫の瓊
瓊杵尊（ににぎのみこと）に、
稲穂とともに3つの言いつけ
を授ける天照大神。『斎庭の
稲穂』（今野可啓／神宮農
業館蔵）

山、川、雨、風、実り、動物…、
森羅万象を崇拝対象とします。

しんらばんしょう

日本人の心の奥に根を下ろす神道は、各地の土着信仰を源流としています。
弥生時代以降、稲作文化が育まれるなか、
自然現象などが神格化され、信仰へと発展していきました。

① 神道にはどんな教えがあるの?

A とくにありません。

神道は土着信仰が発展して自然にできた民族宗教なので、たとえ
ば仏教のような体系的な教えはありません。ただし、心身や行為
が清らかな状態であることが求められます。そのため、罪や穢(けが)
れは嫌われ、禊(みそぎ)や祓(はらえ)の儀式が重視されます。

神社に参拝する際には、手水舎(ちょうずや)で
手や口をすすぎます。これは海や川に全身を浸し
て身を清める禊を簡略化したものとされています。

② 教えがないなら経典もないの?

A 明確な経典はありませんが、
神話をたくさん収録した書物があります。

『古事記』と『日本書紀』(あわせて「記紀」)には、さまざまな神々にまるわるエピソードや日本の誕生に関する物語
がまとめられています。どちらも8世紀前半に編纂された書物ですが、『古事記』は国内向けの神話時代の物語
が中心、『日本書紀』は中国など外国向けの年代順で書かれた漢文の歴史書といった違いがあります。

平安時代に作られた『日本書紀』の写本。漢文で書かれています。

③ 神話は、どんな世界で展開するの?

A 3つの世界が舞台となっています。

神がいる天上世界の「高天原(たかまがはら)」、人や動物が暮らす地上世界の「葦原中国(あしはらのなかつくに)」、死者が行く地下世界の「黄泉国(よみのくに/根の国)」という3つの世界があり、それとは別に海の彼方に「常世国(とこよのくに)」があると考えられています。

島根県松江市の黄泉比良坂(よもつひらさか)。黄泉国の出入口で、葦原中国とつながっているとされています。

④ そもそも神社はどんな場所なの?

A 神をまつる場所です。

日本に8万以上あるとされる神社には、神がまつられています。また、その神を礼拝したり、儀式を行ったりする場所でもあります。「神宮」「宮」「大神宮」など、いくつかの呼び名がありますが、それらの呼び名は格式によって違ってきます。

茨城県・鹿嶋市の鹿島神宮。天照大神の使者となったり、神武天皇の建国事業を助けたりした武甕槌神(たけみかづちのかみ)を祭神としています。

神社の系統と格式

 宮系

 社系

神宮	古来皇室に縁のある神社や、歴代天皇を祭神とする神社など		大社	その地域の信仰の中心となっている規模の大きな神社
大神宮	伊勢神宮ないし伊勢神宮から分祀された神社		神社	一般的な神社
			社	総本社から祭神を分霊した神社が

徳川家康をまつる日光東照宮の陽明門。あまりにも美しく、一日中見ていても飽きないことから「日暮（ひぐらし）の門」とも呼ばれています。

A 大きく4パターンに分けられます。

①『古事記』や『日本書紀』に登場する神、②木や山、岩などの自然物や自然現象を神格化した神、③交通、航海、戦、病など日常生活に関わる神、④歴史的な英雄や聖人を神格化した神の4つに分類することができます。江戸幕府を開いた徳川家康も、神として日光東照宮にまつられています。

八幡さま、天神さま、お稲荷さま、あらゆるところに存在する神々。

天照大神、須佐之男命、大国主命など、
神話のなかで華々しい活躍をみせる神もいますが、
商売繁盛のご利益で知られる「お稲荷さま」こと宇迦之御魂神、
武家の守護神として崇められてきた「八幡さま」こと応神天皇、
学問の神として知られる「天神さま」こと菅原道真など、
日本人の生活に深く溶け込んでいる神もたくさんいます。

① 神道の神々のなかで最大のスターといえば？

A やはり須佐之男命でしょう。

須佐之男命は天照大神の弟ですが、神々の住む高天原で乱暴狼藉を繰り返し、高天原から追放されてしまいます。しかし、地上で八岐大蛇（やまたのおろち）を退治し、一躍、日本神話のスターになったのです。京都など全国に2000社以上ある八坂神社にまつられています。

神話には、秩序を破壊するいたずら者がつきもの。日本神話では、この須佐之男命がトリックスターです。『須佐之男命』（歌川国芳）

② 須佐之男命より強い神はいる？

A 日本武尊も武勇で知られています。

景行天皇の皇子である日本武尊は、父の命を受けて九州の熊襲（くまそ）や東国の蝦夷（えぞ）を平定します。しかし、戦いに明け暮れるなかでついに力尽きて倒れてしまいます。最後は白鳥になって飛び去ったとされています。

草薙剣（くさなぎのつるぎ）で草を刈る日本武尊。『日本武尊』（歌川国芳）。

③ 日本は誰が
つくったとされているの?

A 伊弉諾尊と伊弉冉尊です。

2神は夫婦の創造神です。2神が天の浮橋から矛(ほこ)で大海をかきまわすと、その滴(したたり)から島(日本列島)ができたと伝えられています。

伊弉諾尊(右)と伊弉冉尊(左)が矛で大海をかきまわしたことにより、島(日本)ができました。『天瓊を以て滄海を探るの図』(小林永濯)

---

④ 七福神はどこからきたの?

A 実は、ほとんどが外国出身です。

現在、七福神として人気を集めている恵比寿(えびす)、大黒天(だいこくてん)、弁財天(べんざいてん)、毘沙門天(びしゃもんてん)、布袋(ほてい)、福禄寿(ふくろくじゅ)、寿老人(じゅろうじん)ですが、このなかで日本出身は宝船に乗った姿で知られる恵比寿しかいません。ほかは中国やインドにルーツをもつ神なのです。

七福神のルーツ

 中国出身　　　　　　　　　　　　　　　 日本出身

布袋　　　　福禄寿　　　　寿老人　　　　　　恵比寿

 インド出身

大黒天　　　　弁財天　　　　毘沙門天

藤森神社(京都府)の七福神。

117

Q 神主は神社で
なにをしているの?

A 神事を司っています。

神社の職員を神職といい、参拝時によくみかける神主も
そのひとりです。神社の祭祀を主宰することが仕事です。

伊勢神宮の夏越（なごし）の
大祓（おおはらえ）。毎年6
月末、伊勢神宮の神職は五
十鈴川（いすずがわ）のほと
りで汚れをはらい、心身を清め
ます（神宮司庁）。

神とコンタクトするため、神主が神と人間をつなぎます。

神主の仕事は祭祀の主宰だけではありません。
神の言葉を一般の人々に伝え、
人々の思いを神に伝えることも重要な役割です。
神と人間をつなぐ立場にあることから、「なかとりもち」とも呼ばれています。

① 神社の祭りでいちばん重要なものはなに？

A それぞれの神社の例祭です。

神道では儀式や神事をすべて「祭り」といいます。さまざまな祭りがありますが、神へ供物を捧げ、神楽などを奏じてもてなす点については、おおむね共通しています。数ある祭りのなかで、最も大切とされるのが例祭。毎年1回（神社によっては2回）、その神社が鎮座した日や祭神に縁の深い日に当てられ、盛大に行われます。祈念祭（きねんさい）や新嘗祭（にいなめさい）などの農耕祭祀も重要視されています。

京都の賀茂御祖神社（下鴨神社）と賀茂別雷神社（上賀茂神社）の例祭である葵祭（あおいまつり）。平安装束をまとった人々が練り歩きます。

② 神輿を激しく揺らして大丈夫なの？

A 揺らすことで、神は喜びます。

祭りでは、大勢の担ぎ手が神輿を激しく揺さぶることがあります。神輿は神の乗り物。あまり強く揺らしていると怒られるのではないかと思うかもしれませんが、逆に活力がみなぎって喜ぶと考えられています。神輿を激しく揺らして神を喜ばせ、多くの利益にあずかるのです。これを魂振（たまふ）りといいます。

華やかな神輿担ぎは祭りのハイライトのひとつです。右は浅草神社（東京）の三社祭、左は大阪天満宮の天神祭。

③ 参拝のときに鈴を鳴らすのはなぜ？

A 自分がきたことを神に伝えるためです。

参拝の際、拝殿などの前に立ったら、鈴を鳴らしてから祈念します。鈴の音は「参拝にきました」と神に伝える合図なのです。また、鈴の清らかな響きには魔除けの力があり、鈴を鳴らすことで悪を祓い、魔を滅するともいわれています。

鈴の音には霊力があると考えられてきました。

④ お守りのなかには、なにが入っているの？

A 紙や木の札が入っています。

合格祈願、金運上昇、商売繁盛、縁結び……。ありがたいご利益をもたらしてくれるお守りのなかには、紙や木の札が入っています。これこそがお守りです。神社の神主などが祈祷して神の力が込められており、その力が逃げないように袋の口を紐で閉じています。紐をほどくと力が逃げてしまうため、開けてはいけません。

お守りは神の力をいただくもの。常に身につけるようにします。期限は一般的に1年間とされています。

⑤ 神社を自分でつくっていいの？

A 問題ありません。

自宅の敷地内に社殿を設け、稲荷神や八幡神などの分霊に招き入れてまつる邸内社（ていないしゃ）という神社があります。ただし、大元の神社から分霊してもらうのは簡単ではなく、その神社に直接行き、面談をして認めてもらわなければいけません。社殿をつくる費用も、それなりにかかります。

秋田・角館の武家、青柳家の邸内社。

Q ゾロアスター教について
　　教えて！

アゼルバイジャン・バクーにある火の寺院。寺院内に入ったゾロアスター教徒は、額に灰を塗ってから礼拝します。

A 火を崇める宗教です。

ゾロアスター教は神の象徴である火を崇める宗教です。ゾロアスター教の寺院では常に火が燃えており、信徒たちは火に向かって礼拝します。そこから、「拝火教（はいかきょう）」とも呼ばれています。

燃え盛る火は神の象徴——、
その火を崇拝します。

ゾロアスター教は紀元前7〜6世紀頃（前13〜12世紀説もあり）、
ペルシア（現在のイラン）で創始されたと考えられています。
ひとりの創唱者によって創始された宗教を「創唱宗教」といいますが、
ゾロアスター教は世界最古の創唱宗教で、
ユダヤ教、仏教、キリスト教、イスラム教などにも影響を与えました。

① ゾロアスター教の創始者は誰？

A ザラスシュトラです。

ザラスシュトラ（Zarathushtra）は古代ペルシアの宗教家。ザラスシュトラを、ギリシア語を介した英語読みにするとゾロアスターとなります。紀元前6世紀頃にオリエント一帯を支配した大帝国アケメネス朝ペルシアの王たちに保護されたことで発展し、紀元3世紀に興り大帝国となったササン朝ペルシアでは国教とされ、大いに栄えました。

（上）ルネサンスの画家ラファエロの代表作『アテネの学堂』のなかに描かれたザラスシュトラ。ドイツ語では「ツァラトゥストラ」といい、哲学者ニーチェがその名を冠した著作を出しています。
（下）ササン朝時代に築かれた史跡タフテ・ソレイマーン。ゾロアスター教の聖地で、火山湖の周囲には城壁に囲まれた宗教施設の遺構があります。

② ゾロアスター教で最も偉い神は？

A アフラ・マズダーです。

ゾロアスター教の最高神はアフラ・マズダーといい、アフラは「主」を、マズダーは「賢明な」を意味します。光明の神で、あらゆる善なるものの創造主です。火をつくれるのはアフラ・マズダーだけと信じられているため、火が崇拝対象になっているともいわれています。

ササン朝ペルシアの君主に王権の象徴を
与えるアフラ・マズダー（右）のレリーフ。

ゾロアスター教の特徴を教えて！

A 善悪二元論が特徴的です。

ゾロアスター教の聖典『アヴェスター』によると、世界では最高神アフラ・マズダーを支える7人の善神と7人の悪神が激しく争っており、善神のグループが優勢なときは幸せな日々が続き、悪神のグループが優勢なときは苦しい日々が続きます。その争いが3000年続いた後、最後の審判で善神のグループが勝利し、理想的な世界が出現するとされています。

聖典『アヴェスター』。ザラスシュトラの言葉とその後に書かれた部分からなり、祈祷語や儀礼、神話などが収載されています。

Q ユダヤ教、仏教、キリスト教、イスラム教にどんな影響を与えたの？

A 最後の審判や天国・地獄の概念などです。

ユダヤ教、キリスト教、イスラム教は聖書の預言者アブラハムの神を受け継ぐ兄弟宗教です。それら3つの宗教で説かれる天地創造や最後の審判、さらに天国・地獄の概念などは、ゾロアスター教から受け継がれたものとされています。仏教の極楽・地獄思想にも影響を与えています。

ゾロアスター教の守護霊フラワシの像。善のために働き、救済を求める人を助けるとされています。

Q ゾロアスター教徒は
　いまもいるの？

ゾロアスター教で最も重要な
儀式とされるシュシャン（感謝）
の儀式。信徒たちは神の象
徴である火に対して感謝を捧
げ、神から祝福を受けます。

A 10万人の信徒が存在する
といわれています。

ゾロアスター教は7世紀にイスラム教が勢力を拡大したことにより、大き
く衰退してしまいましたが、完全に消滅したわけではありません。いまで
もインドを中心にパキスタン、アゼルバイジャン、イラン、そして欧米などで
およそ10万人が信仰をもち続けています。

小規模になっているものの、
一部で影響力をもつ世界宗教。

世界各地のゾロアスター教徒を合わせると、約10万人。
7世紀以降、信徒数は減り続けていますが、
ゾロアスター教は現存するなかで最古の世界宗教です。

① 有名なゾロアスター教徒はいる？

A タタ財閥の創始者がそうです。

インド最大の財閥タタ・グループ。その創業家のタター族がゾロアスター教徒です。イランからインドへ移ったゾロアスター教徒はパルシー（「ペルシア」の意味）と呼ばれ、ムンバイなどインド西部で教えと連帯を守り続けました。パルシーは経済力に優れており、イギリス支配下で重用されました。タター族もその頃に貿易で得た利益をもとに大きく飛躍したのです。また、イギリスのロックバンド、クイーンのボーカルであるフレディ・マーキュリーの両親もゾロアスター教徒と伝えられています。

② ゾロアスター教で重要な施設は？

A 拝火神殿です。

イラン中央部に位置するヤズドには拝火神殿があります。神殿内ではザラスシュトラが点火したとされる永遠の火が燃え続けており、ゾロアスター教の施設のなかでは、とくに重要とされています。

ヤズドの拝火神殿。この地はササン朝ペルシア時代に信仰拠点のひとつでした。

③ ゾロアスター教ならではの習慣ってある?

A 鳥葬が行われています。
ちょうそう

ゾロアスター教では火を尊ぶことから、死者の遺体を火葬にしません。遺体はダフマ（沈黙の塔）に安置します。そこで鳥についばまれると、魂が鳥とともに天に昇るとされます。

イラン・ヤズドにあるダフマ。かつては、ここで鳥葬が行われていました。遺体を置く建物に屋根がなく、鳥が降りてこられるようになっています。イランでは1930年代に禁止されてしまいましたが、インドでは現在も鳥葬が行われています。

④ 分派もあるの?

A マニ教という世界宗教がありました。

マニ教は3世紀にペルシア人のマニがはじめた宗教。ゾロアスター教にキリスト教やユダヤ教、仏教などの要素を加えたもので、イランから中央アジア、インド、中国、ヨーロッパにまで広がりました。イスラム教の迫害により、13世紀頃までに消滅してしまいましたが、東西の世界を文化的・宗教的に結びつけた功績は高く評価されています。

マニ教の聖職者。

★COLUMN★ mazdaとゾロアスター教の意外な関係
マツダ

日本を代表する自動車メーカーのひとつ、マツダ。1920年に広島県で創業したこの自動車メーカーは、1984年にブランド名に合わせて「マツダ株式会社」へ社名変更しました。その名の由来は創業者である松田重次郎の姓だけではありません。実は、ゾロアスター教の最高神アフラ・マズダーにちなんでいるのです。松田は世界平和を願い、自動車産業の光明になるべく、自身の姓とアフラ・マズダーをかけて社名を考案したとされています。

マツダのスペルは「matsuda」ではなく「mazda」。アフラ・マズダー（Ahura Mazda）と同じです。

チャクチャク

イラン・ヤズド州 ————————
ゾロアスター教
イラン中部にあるゾロアスター教の聖地です。山の中腹には拝火神殿や巡礼者のための宿泊施設がつくられており、巡礼者を受け入れられるようになっています。

出雲大社

日本・島根県 ————————
神道
縁結びスポットとして有名なこの神社は、オオクニヌシを主神とする日本最古の神社のひとつ。国譲りの代償として建てられたとされ、かつては本殿の高さが 50m もあったそうです。

厳島神社

日本・広島県 ————————
神道
一見、社殿が海に浮かんでいるように見える厳島神社。この神社が鎮座する宮島は、古くから島そのものが神聖視されていました。そのため島の手前の社殿が建設され、海上の神社となったのです。

サールナート

インド
ウッタルプラデシュ州 ───
仏教

悟りを開いたブッダがはじめて教
えを説いた場所。鹿が多く住んで
いたことから鹿野苑とも呼ばれま
す。遺跡のほか、高さ 43m の巨
大なダメーク・ストゥーパがシン
ボルとなっています。

ヴァラナシ

インド・ウッタルプラデシュ州 ───
ヒンドゥー教

ガンジス川沿いに位置するこの街には、2,000
ものヒンドゥー教寺院があり、川岸には沐浴場
がいくつも並んでいます。そして夜になると、
プージャと呼ばれる礼拝儀式が行われます。

Q キリスト教のように影響力のある
宗教は東アジアにはないの？

中国・山東省曲阜（きょくふ）の孔廟（こうびょう）。曲阜は孔子の生誕地・没地で、孔子をまつる孔廟では、生誕月の9月に式典が催されます。

A 儒教がそのような役割を
果たしました。

シャーマニズムを基盤としつつ、社会倫理を論理的に追求。

儒教は自然崇拝や土着信仰のシャーマニズムをもとに、
血縁共同体を基本にする社会を反映する形で、
紀元前6世紀頃、孔子によって創始されました。
当初の学問的位置づけから、中国の社会秩序を下支えするようになり、
朝鮮半島や日本など、東アジアに広く影響を与えました。

① 孔子って、どんな人？

A 釈迦、イエス、ソクラテスと並ぶ四聖（しせい）のひとりです。

孔子は宗教家というより思想家・哲学者です。紀元前551年、春秋時代の中国に生まれた孔子は、貧困のなか勉学に励み、魯（ろ）という国の官職につきます。大臣にまで出世しましたが、56歳で魯を去り、諸国を巡歴。その後、再び故郷に戻り、思想を確立していきました。

中国初の哲学者といわれる孔子。釈迦、イエス、ソクラテスとともに4人の偉大な思想家のひとりに数えられています。

② 儒教が広まったきっかけはあるの？

A 漢が国教と定めたことです。

孔子の死後は、その弟子たちが儒教の思想を深め、新たな学説を生みました。その結果、『論語（ろんご）』や『大学』『易経（えききょう）』『春秋』といった儒教の聖典群ができました。そして紀元前2世紀中頃、漢の全盛期の武帝の時代に儒教は実質的な国教になり、その思想が歴代王朝の正統な教えとして受け継がれていったのです。

孔子の肉声を直に伝えるとされる『論語』。孔子と弟子たちとの問答を主として、教えを伝えています。

③ Q 儒教の聖典について詳しく教えて！

A 「四書五経」が、
教えの根本とされています。

四書は先立って学ぶべき道徳観、五経は仁・義・礼・知・信という徳目について述べています。仁は相手を慈しんで思いやること、義は人として正しいことを行うこと、礼は正しい作法や礼儀を守ること、知は善悪を正しく判断すること、信は常に誠実であることです。

6世紀末から19世紀初頭まで実施されていた官吏になるための試験「科挙（かきょ）」の様子。科挙の問題は「四書五経」から出題され、極めて難解でした。

四書（ししょ）

論語（ろんご）　大学（だいがく）　中庸（ちゅうよう）　孟子（もうし）

五経（ごきょう）

易経（えききょう）　書経（しょきょう）　詩経（しきょう）　春秋（しゅんじゅう）　礼記（らいき）

- ● 四書と五経をセットにする考えは、
  比較的新しい流れ（朱子学）によるものです。
- ● 『大学』と『中庸』は、『礼記』の一章を独立させたものです。

---

④ Q 儒教で、とくに重要な教えはなに？

A 「仁」と「礼」です。

相手を慈しみ、思いやる「仁」を実践すると、社会に秩序が生まれます。その仁を具体的な行動として示したものが「礼」で、上下関係の礼儀を意味します。つまり、仁は礼を通じて実現されるのです。さらに、子の親に対する愛である「孝」も重んじられています。

祖先崇拝をはじめ、目上の人を敬う教えも儒教は重視しています。

⑤ 孔子以外にも重要な人物はいる?

A 孟子と荀子がいます。

孟子は、人間の本性は善であるとする性善説(せいぜんせつ)を唱え、孔子の教えの倫理面を深化させました。また、徳のある政治のあり方として王道政治を示しています。一方、荀子は、人間の本性は放っておくと悪に向かうので、礼により統制して善に導くべきとする性悪説(せいあくせつ)を提唱しました。

性悪説を唱えた荀子。

性善説を唱えた孟子。

⑥ その後、儒教はどうなったの?

A 朱子学へと発展しました。

11世紀以降、儒学の革新運動が起こり、朱熹(しゅき)によって朱子学、あるいは新儒(しんじゅ)と呼ばれる新たな学派が生み出されました。仏教の影響も少なからず受けた朱子学は論理的で体系的な学問の性格が強く、明や清の時代に国教とされたほか、東アジア各地に大きな影響を及ぼしました。

朱子学を大成した朱熹。

中国・江西省の白鹿洞書院(はくろくどうしょいん)。朱熹が南宋時代に講学していた場所で、彼の像が立っています。

Q 儒教は日本にも伝わったの?

A 江戸幕府が正統の学問として保護しました。

日本では、江戸幕府が上下関係や身分・秩序を重んじる朱子学を官学として採用し、統治に役立てました。明治維新の原動力となった思想も朱子学。つまり、儒教が現代日本の土台を築いたともいえるのです。

東京・湯島の湯島聖堂。17世紀末の徳川綱吉の時代、湯島の地に孔子廟が建立され、朱子学が教授されるようになりました。

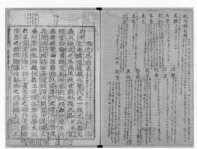

17世紀につくられた朱子学入門書『近思録』。

湯島聖堂の孔子像。

『論語』はビジネスに効く?

孔子の教えを弟子たちがまとめた『論語』。この儒教を代表する書物は古来、多くの人々に読み継がれ、政治や経済、経営、思想などに大きな影響を与えてきました。とくにビジネスパーソンの心をとらえることが多く、明治期の日本で活躍した実業家の渋沢栄一も『論語』を愛したことで知られています。渋沢は『論語』が示す道徳観や倫理観を経営の基盤とし、日本経済をリードしてきたのです。世界でもドラッカーが『論語』を引用しており、その影響力の大きさがうかがえます。

渋沢栄一。渋沢の著作『論語と算盤』は、多くの経済人、経営者の指針となってきました。

Q 道教の特徴をひと言でいうと？

道教の指導者である道士（どうし）が修行をしたり、祭儀を行ったりする道観（どうかん）。仏教の寺院に相当する建物です。

A 中国の民間信仰です。

道教は中国の自然環境を神聖化し、ときには神格化しつつ、自然を敬い、それと一体となることを目指す生き方。その意味で、日本の神道と多くの共通点があります。

不老長寿の仙人となることを究極の目的とした中国の民族宗教。

道教のルーツは、儒教と同じく古代中国の戦国時代にあります。
中国に古くから伝わる民間信仰や生活習俗に、
諸子百家（しょしひゃっか）のひとつである道家（どうか）の思想が融合し、
2世紀前半頃、後漢末期に宗教として成立しました。

① 道教の成立に関わった中心人物は誰？

A 老子（ろうし）と荘子（そうし）です。

老子は道教の開祖とされる思想家。儒教の祖である孔子と同時代の人といわれますが、詳細は不明です。無為自然（むいしぜん）の道を説き、道教の経典『老子』を著したとされます。老子の思想を受け継ぎ、さらに発展させたのが荘子で、経典『荘子（道徳経）』を著したとされます。この2人にちなんで、道教を「老荘（ろうそう）思想」と呼ぶこともあります。

伝説上の人物とも
考えられている老子
（右）と荘子（左）

② 道教の特徴を教えて！

A 聖職者や教団が存在しません。

多くの宗教では、聖職者のような指導者と信徒によって構成される教団がありますが、道教にはありません。2世紀に太平道（たいへいどう）や五斗米道（ごとべいどう）のような結社ができましたが、14世紀頃から有力な教団は現れなくなりました。聖職者や教団の不在に関しては、儒教も同じです。

③ Q 不老長寿を目指すってホントなの？

A はい。
神仙思想という考え方です。

神仙思想とは、修行などによって仙人になり、不老長寿を実現して、自分の思うがままに生きること。来世ではなく、現世利益を追求します。この神仙思想が道教の中核になっています。

仙人が住んでいるとされる蓬莱山（ほうらいさん）。山東半島のはるか東方の海中にあると伝わります。

④ Q 神仙思想に惹かれた歴史上の人物っている？

A 秦の始皇帝です。

始皇帝といえば、人気アニメ『キングダム』の主人公のひとり。史上はじめて中国を統一した偉大な皇帝ですが、晩年になると死を恐れ、道教の神仙思想に興味をもつようになりました。そして、道士の徐福（じょふく）に不老長寿の妙薬を探してくるように命じました。徐福は東方の海へ向かいましたが、妙薬は見つからず、始皇帝を失望させたといいます。

徐福一行が不老長寿の妙薬を求めて航海をしている様子。伝説によると、彼らの一部は日本に到達し、定着したといわれています。『異朝秦の始皇帝長生不老の仙薬を求め』（歌川国芳）

⑤ 道教に、崇拝されている神はいないの?

A 三清をはじめ、多くの神々が崇められています。

道教にはたくさんの神がいます。そのなかで最高神とされているのが、元始天尊（げんしてんそん）・太上道君（たいじょうどうくん）・太上老君（たいじょうろうくん）の三清です。元始天尊は天地万物の造物主、太上道君は道教の「道」を神格化したもの、太上老君は『老子』を神格化したものです。ちなみに、不老長寿を得た神仙も神の一種とされています。

道教の最高神とされる三清。道観には三清をまつる「三清殿」という建物があります。

⑥ 道教について、もっと教えて！

A 占いや気功は、道教から派生しました。

道教は不老長寿のような願いをいかにかなえるか、ということを重視する宗教です。さまざまな民間信仰や学問を母体として成立しており、現代の占いにつながる易学や占星術、漢方薬につながる薬学、気功につながる健康法などの源になりました。

「気」を生命エネルギーの根源とする気功（左）と、複数の生薬を組み合わせることで薬理作用を強くする漢方（右）。これらも道教をルーツとしています。

⑦ ほかに、道教の母体となったものはある？

A 陰陽五行説を忘れてはいけません。

陰陽五行説では、「陰」と「陽」の二気、木・火・土・金・水の五行によって、物象のあり方を説明します。たとえば、女・夜・暗などは「陰」、男・昼・明などは「陽」といった具合に、世界を区別します。この概念を表したのが、道教のシンボルマークとなっている太陰大極図（たいいんたいきょくず）です。

物質や物事のあり方を象徴的に示す太陰太極図（左）。「陰」と「陽」が
相互に補完し合っています。これは韓国の国旗にも採用されています（右）。

⑧ 日本には伝わらなかったの？

A 仏教や儒教と同時期に伝来しましたが……。

仏教や儒教が日本でも受け入れられたのに対し、道教は定着しませんでした。しかし、陰陽五行説を起源とする陰陽道（おんみょうどう）が発展し、広く影響を及ぼしました。陰陽道は、天文学や暦の知識を駆使して吉凶を占う技術。平安時代に陰陽師（おんみょうじ）として活躍した安倍晴明が知られています。

陰陽道により疫病退治を行う安倍晴明。

Q 仏教とよく似た宗教が
　インドにあるって聞いたけど?

南インドの聖地、シュラヴァナ・ベラゴラの寺院に鎮座するゴマテシュワラ像。12年に1度行われる祭りでは、この巨大な石像に香辛料や牛乳などをかける習慣があります。

A ジャイナ教は仏教の姉妹宗教といわれています。

インドで約300万人の信徒を有するジャイナ教は、仏教と同じ時期に誕生した宗教です。創始者のマハーヴィーラは、ブッダと同じくバラモン教に批判的で、出家修行で真理に到達しました。

インドで2500年間も続く、仏教によく似た民族宗教。

ジャイナ教は紀元前6〜5世紀頃、マハーヴィーラによって創始されました。
マハーヴィーラはクシャトリア（戦士・貴族階級）出身の人とされ、
出家修行によって悟りを開き、亡くなるまで布教を続けました。
出自や悟りに至る経緯は釈迦とよく似ています。
ただ、釈迦が苦行を否定したのに対し、マハーヴィーラは苦行で悟りに到達しました。
そのため、ジャイナ教では厳しい戒律を守ることが求められます。

① どんな戒律があるの？

A 不殺生の戒律が厳格です。

ジャイナ教では、生き物によって生き物が苦しめられる現実世界を憂い、苦しみの根源である業（カルマ）を除くことを目的としています。守らなければならない戒律は5つあり、とくに重視されるのが不殺生。微生物を殺すことも許されないので、空気中の微生物を飲み込まないように常にマスクをつけていたり、水中の微生物を飲み込まないように水こし袋を携帯したりしています。

空気中の微生物を飲み込まないようにマスクをつけているジャイナ教の女性たち。

路上の虫を踏み殺さないように、鈴のついた杖をもち歩くジャイナ教徒。

② 特徴的な戒律をもっと教えて！

A 不所得の戒律もユニークです。

ジャイナ教徒は動植物を殺さないですむ商業に従事することが多いです。たとえば金融業や小売業ならば、あまり出歩く必要がないため、殺生を犯す可能性が低くなります。しかし、5つの戒律のひとつに、不所得があります。そのため、商才があって大きな資産を築いたとしても、蓄財することをよしとせず、教団に対して多額の布施をすることになるといいます。

全裸のまま生活している僧侶がいるの?

A 裸形派の僧侶たちです。
らぎょう

ジャイナ教は、裸形派と白衣(びゃくえ)派という2つの宗派に分かれています。不所得の戒律を遵守した結果、着衣さえ認めず、常に裸で生活しているのが裸形派。これは保守的なグループで、裸形のできない女性の解脱(げだつ)も認めません。一方、白衣派は白い僧衣をつけて生活する、比較的寛容なグループです。

開祖マハーヴィーラの像。ほとんど裸で布教を行っていたことがわかります。

④ ガンディーはジャイナ教徒だったの?

A ヒンドゥー教徒ですが、影響は受けました。

ジャイナ教の不殺生の戒律は、バラモン教を基礎として成立したヒンドゥー教にも影響を与え、重要な教えとして位置づけられました。インド独立運動で活躍したガンディーの思想の根幹にも不殺生があり、不殺生と同じ原語である「非暴力」を掲げ、独立運動を主導しました。

非暴力を貫き通し、インドを独立へと導いたガンディー。

Q インドには、
ほかにも有名な宗教がある？

インドでターバンをつけたヒゲの男性を見かけたら、それはシーク教徒であることが多いです。

A シーク教（シク教）があります。

ヒンドゥー教とイスラム教、
2つの宗教の特色をもつシーク教。

16世紀、イスラム帝国の支配下にあったインドで、
伝統のヒンドゥー教とイスラム教が融合したシーク教が生まれました。
現在の信徒数は約2400万人と、インドの全人口の2%にも足りませんが、
世界的に見ると、5番目に信徒数の多い宗教になります。

① シークの教の開祖は どんな人？

A 宗教改革家のナーナクです。

ナーナクはパンジャーブ地方（インド北西部からパキスタン北東部）の商家に生まれ、30歳の頃に出家。ヒンドゥー教の神々ではなく唯一神を崇拝し、偶像崇拝をやめ、カースト制を否定。イスラム教の教えを取り入れたシーク教を創始しました。

中央がナーナク。シーク教教団の統理者を「グル（導師）」といい、初代のナーナク以降、9人のグルが教団を指導しました。10代以降、グルは置かれず、聖典がグルとされています。

② シーク教の特徴を教えて！

A 軍事色が強いといわれます。

シーク教は教義的にはイスラム教の影響を強く受けながら、ムガル帝国の弾圧を受け、16世紀後半に反イスラム・反ムガル帝国の傾向を強めていきます。18世紀には軍事集団カールサー（純粋）党を結成し、統一王国を築きました。19世紀半ばにはイギリスと衝突して敗れましたが（シーク戦争）、その後、大英帝国でも多くの信徒が傭兵となったのです。

現在もインド軍にはシーク教徒で編成された部隊があります。

③ ほかにもシーク教の特徴ってある?

A シーク教徒の男性の決まりごと「5つのK」があります。

10代のグル、ゴービンド・シンはカールサーの構成員に5つのシンボルを与え、異教徒との違いを明確にしました。その5つとは、髪を切らない(Kes)=神からのいただきもの、短剣(Kirpan)=正しく強い精神力、木製のくし(Kengha)=身だしなみと規律、鋼鉄の腕輪(Kara)=信徒の連帯、ボクサーパンツのような半ズボンのカッチャー(Kachhu)=すばやい行動力。すべて頭文字がKであることから、シーク教徒の「5つのK」と呼ばれています。

シーク教徒が携帯している短剣は、正しく強い精神力を表します。

④ シーク教の聖地を教えて!

A 毎日10万食が無料で提供されている黄金寺院が有名です。

パンジャーブ地方のアムリツアルにあるゴールデン・テンプル(黄金寺院)はシーク教の聖地で、毎日多くの巡礼者が訪れます。その巡礼者のために用意されているのが10万食の食事とお茶。信徒はみな平等とされており、全員同じ場所に座って食べます。

ゴージャスな金色の輝きを放つゴールデン・テンプル。

武当山
ぶとうさん
中国・湖北省————————
道教
仙人が姿を現しそうなこの山は古来、道教の信徒
が修行に励んできた場所です。周囲 400kmの山域
には、道教寺院である道観が立ち並んでいます。

泰山
たいざん
中国・山東省————————
道教
道教では 5 つの山（五岳＝泰山・衡山・
恒山・嵩山・華山）を聖地としてますが、
そのなかで最も尊いとされるのが泰山。
歴代皇帝が国家統一を天に報告する「封
禅の義」が行われる山でもあります。

曲阜
きょくふ
中国・山東省————————
儒教
曲阜は孔子生誕の地。その郊外
の尼山には孔子をまつる廟や子
孫が住む孔府、墓所、そして巨
大な孔子像が立っています。

ハティーシング寺院

インド・クジャラート州 ──
ジャイナ教

ジャイナ教徒の商人が多いアフマダーバードにある、19世紀のジャイナ教寺院。シェトハティーシングという商人によって寄進されたため、その名がつけられました。

ヘームクンド

インド・ウッタラーカンド州 ──
シーク教

インド北東部、ヒマラヤ山脈の近くに位置するこの地は、シーク教第10代の教主ゴービンド・シングが修行したとされる幻想的な場所です。

世界の宗教一覧表

	神の数	種類	成立時期	創始者・開祖	信仰対象	聖典	
ユダヤ教	一神教	民族宗教	紀元前13世紀頃	（モーセ）	ヤハウェ	旧約聖書	
キリスト教	一神教	世界宗教	1世紀半ば頃	イエス	神 イエス 聖霊	旧約聖書 新約聖書	
イスラム教	一神教	世界宗教	7世紀頃	ムハンマド	アッラー	コーラン	
仏教	（多神教）	世界宗教	紀元前6世紀頃	ブッダ（釈迦）	如来 菩薩 明王 天	各経典	
ヒンドゥー教	多神教	民族宗教	紀元前2〜後3世紀頃	とくになし	シヴァ ヴィシュヌ ブラフマー	ヴェーダ	

主な 教え	主な 聖地	宗教施設	主な 宗派	偶像崇拝	シンボル	本書
戒律	エルサレム	シナゴーグ	正統派 保守派 改革派	禁止	ダビデの星	P20〜31
隣人愛	エルサレム	教会	カトリック プロテス タント 東方正 教会	原則禁止 （カトリック は可）	十字架	P32〜55
六信五行	メッカ メディナ エルサレム	モスク	スンニー派 シーア派	禁止	月と星	P56〜75
四諦八正 道 三法印	ブッダガヤ サール ナート	仏教寺院	大乗仏教 上座部 仏教	さかん	法輪 蓮華	P78〜95
輪廻からの 解脱	ヴァラナシ	ヒンドゥー 寺院	シヴァ派 ヴィシュヌ 派	さかん	ヤントラ スワス ティカ	P96〜109

	神の数	種類	成立時期	創始者・開祖	信仰対象	聖典	
神道	多神教	民族宗教	不明	とくになし	八百万の神	とくになし（古事記、日本書紀）	
ゾロアスター教	二神教	世界宗教	紀元前6〜7世紀頃	ザラスシュトラ	アフラ・マズダー	アヴェスター	
儒教	（多神教）	民族宗教	紀元前6世紀頃	孔子	堯 / 舜 / 禹 など	四書五経	
道教	多神教	民族宗教	2世紀末頃	老子	三清など	老子 / 孟子	
ジャイナ教	（多神教）	民族宗教	紀元前6〜5世紀頃	マハーヴィーラ	とくになし	アーガマ	
シーク教（シク教）	一神教	民族宗教	15世紀	ナーナク	神	グル・グラント・サーヒブ	

主な教え	主な聖地	宗教施設	主な宗派	偶像崇拝	シンボル	本書
自然崇拝 ― 祖先崇拝	伊勢神宮	神社	神社神道 教派神道 皇室神道	さかん	神紋	P110〜121
善悪二元論	タフテ・ソレイマーン	拝火神殿	パールシーなど	さかん	プラヴァシ	P122〜129
仁と礼を重視	曲阜	孔子廟	朱子学など	否定しない	なし	P132〜137
不老不死	泰山	道観	全真教 ― 正一教	さかん	太極図	P138〜143
不殺生 ― 不所得	シャトルンジャヤ山	ジャイナ教寺院	裸形派 ― 白衣派	さかん	スワスティカ	P144〜147
5つのK ― カースト否定	ゴールデンテンプル	シク教寺院	シング(獅子)派 ― サハジダーリー(易行)派	禁止	カンダ	P146〜151

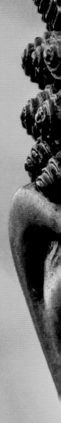

★ 保坂俊司（ほさか・しゅんじ）

1956年群馬県生まれ。早稲田大学大学院文学研究科修了。専門は比較宗教、比較文明論、比較思想。麗澤大学国際経済学部教授を経て、中央大学大学院教授、中央大学国際情報学部教授、中国社会科学院研究員、早稲田大学政治経済学部講師を務める。主な著書・監修書に『インド宗教興亡史』（筑摩書房）、『国家と宗教』『宗教の経済思想』（光文社）、『地図でスッと頭に入る世界の三大宗教』（昭文社）、『［図解］比べてわかる！ 世界を動かす3宗教 ユダヤ教・キリスト教・イスラム教』（PHP研究所）などがある。

★ 写真提供

カバー：Biosphoto／アフロ
P6-7：TopFoto／アフロ
P8左：Ramessos
P36-37：Erich Lessing/K&K Archive／アフロ
p64-65：Zahra gharaati
P68-69：Albatross Air Photography／アフロ
P70上：TheMachineStop
P78-79：ColBase(https://colbase.nich.go.jp/)
P81：ColBase(https://colbase.nich.go.jp/)
P89：ColBase(https://colbase.nich.go.jp/)
P90-91：ColBase(https://colbase.nich.go.jp/)

P106-107：Alamy／アフロ
P110-111：神宮徴古館
P118-119：神宮司庁
P126-127：ロイター／アフロ
P132-133：Photoshot／アフロ
P136下右：Gisling
P144-145：HEMIS／アフロ
P148-149：Alamy／アフロ
P150：Antônio Milena
P152上：Kalyan Shah

★ 主な参考文献 （順不同）

・『地図でスッと頭に入る 世界の三大宗教』保坂俊司監修（昭文社）
・『インド宗教興亡史』保坂俊司（筑摩書房）
・『世界宗教事典』村上重良（講談社）
・『ふしぎなキリスト教』橋爪大三郎 大澤真幸（講談社）
・『イスラム―癒しの知恵』内藤正典（集英社）
・『世界5大宗教入門』山中俊之（ダイヤモンド社）
・『教養としての世界宗教史』島田裕巳（宝島社）
・『図解 世界の宗教』渡辺和子（西東社）
・『イスラーム世界の基礎知識』ジョン・L・エスポジトジョ 山内昌之監訳（原書房）
・『一冊でわかるイラストでわかる図解 宗教史』成美堂出版編集部（成美堂出版）

ジュメイラ・モスク（アラブ首長国連邦）

世界でいちばん素敵な
宗教の教室

2023年1月1日　第1刷発行

監修	保坂俊司
編集	ロム・インターナショナル
写真協力	アフロ、PIXTA、Adobe Stock、Shutterstock
装丁	公平恵美
本文DTP	伊藤知広（美創）

発行人	塩見正孝
編集人	神浦高志
販売営業	小川仙丈
	中村崇
	神浦絢子

印刷・製本　図書印刷株式会社

発行　　　株式会社三才ブックス
〒101-0041
東京都千代田区神田須田町2-6-5 OS'85ビル 3F
TEL：03-3255-7995
FAX：03-5298-3520
http://www.sansaibooks.co.jp/
mail：info@sansaibooks.co.jp
facebook　https://www.facebook.com/yozora.kyoshitsu/
Twitter　https://twitter.com/hoshi_kyoshitsu
Instagram　https://www.instagram.com/suteki_na_kyoshitsu/